Lorenz Meyer ist Journalist und Medienkritiker
(u. a. *BILDblog*) mit einem Faible für Satire.
Er hat das *Bullshit-Bingo* bekannt gemacht
(u. a. für den *Spiegel*) und bei der *FAZ* «Meyers
Berufs-Phrasomat» bespielt. Außerdem ver-
sorgt er namhafte Comedians mit Inhalten für
ihre Bühnenprogramme und arbeitete u. a. für
Kurt Krömer, Jan Böhmermann und *extra 3*.
Auf *radioeins* kommentiert er wöchentlich das
aktuelle Mediengeschehen. In den sozialen
Medien folgen ihm mehr als 175 000 Menschen.
2022 erschien «Kreuzfahrt durch die Republik»
bei Polaris, 2023 «Sprechen Sie Beamten-
deutsch?» bei rororo.

Lorenz Meyer

Wie Jesus das Lübecker Marzipan erfand

Die Weihnachtsgeschichte
24-mal neu erzählt –
frei nach Thomas Mann,
Astrid Lindgren,
Mark Twain,
Agatha Christie,
Paulo Coelho,
Simone de Beauvoir u.a.

Rowohlt Taschenbuch Verlag

Originalausgabe

Veröffentlicht im Rowohlt Taschenbuch Verlag, Hamburg, Oktober 2024

Copyright © 2024 by Rowohlt Verlag GmbH, Hamburg

Die Nutzung unserer Werke für Text- und Data-Mining

im Sinne von § 44b UrhG behalten wir uns explizit vor.

Covergestaltung zero-media.net, München

Coverabbildung FinePic®, München

Satz Franziska Pro bei Pinkuin Satz und Datentechnik, Berlin

Druck und Bindung CPI books GmbH, Leck

ISBN 978-3-499-01543-4

Inhalt

Liebe Leserin, lieber Leser,

die Idee zu diesem literarischen Experiment entsprang einer Mischung aus Ehrfurcht und spielerischer Neugier: Wie würden Thomas Manns tiefsinnige Betrachtungen die Weihnachtsgeschichte prägen, Mark Twains scharfzüngiger Witz sie auf den Kopf stellen oder Astrid Lindgrens warmherzige Schreibkunst ihr einen ganz neuen Charme verleihen? Wie könnten sich Größen wie George Orwell, Simone de Beauvoir oder Karl Marx in diesem Kontext mit den Themen Glaube, Liebe und Hoffnung auseinandersetzen? Dieses Buch versucht, diese Fragen zu beantworten, indem es die unverwechselbaren Stimmen dieser literarischen Ikonen mit der zeitlosen Erzählung der Weihnachtsgeschichte verwebt.

Die großen Denker der Literatur kommen in dieser Sammlung zusammen wie Verwandte am Weihnachtsabend – die einen liebenswert, die anderen herausfordernd. Jeder Beitrag in diesem Band ist eine Hommage an den Autor oder die Autorin, eine parodistische und satirische Auseinandersetzung, die sowohl die Besonderheiten ihrer Werke als auch die universellen Themen der Weihnachtsgeschichte untersucht. Mein Ziel war es, ein Werk zu schaffen, das gleichermaßen unterhält und zum Nachdenken anregt, das die Fantasie der Leserinnen und Leser beflügelt und dazu anregt, Altbekanntes mit neuen Augen zu sehen. Trotz des satirischen Ansatzes soll die Wertschätzung für die literarischen Vorbilder stets spürbar bleiben.

Aber Vorsicht: Dieses Buch ist nichts für schwache Nerven! Es ist eine wilde Achterbahnfahrt durch die Welt der Literatur, die zum Lachen, Staunen und vielleicht auch zum Stirnrunzeln anregt. Und wer weiß? Vielleicht entdecken Sie ja gerade den einen oder anderen Autor, der bisher unter Ihrem Radar blieb und der Sie fortan durchs Leben begleiten wird – als unverhofftes Geschenk dieser literarischen Weihnachtsreise.

Worauf warten Sie also noch? Tauchen Sie ein in diese einzigartige literarische Welt und lassen Sie sich überraschen, was diese außergewöhnliche Weihnachtsanthologie für Sie bereithält!

Ihr Lorenz Meyer

Thomas Mann: Die Dahlmanns

Konsul Dahlmann erwachte abrupt aus seinem kurzen, nachmittäglichen Schlummer.

«Wer ist das? Wer – ist das ...?»

Verwirrt deutete er auf einen schwarz gekleideten jungen Mann, der mitten im Salon des ehrwürdigen Patrizierhauses in der Lübecker Mengstraße stand.

«Ist es Gevatter Tod, der mich holen kommt? Ist meine Zeit schon gekommen?»

Maria, die Tochter des Hauses, ließ ein Lachen erklingen, das in seiner Melodie die jahrhundertealte Geschichte des Dahlmann'schen Geschlechts zu tragen schien. Mit einer Geste, die sowohl Respekt als auch innige Zuneigung verriet, legte sie dem Familienoberhaupt zärtlich die Hand auf die Wange.

«Aber Vater, haben Sie vergessen? Das ist Josef, der Zimmermann, den Sie persönlich beauftragt haben.»

Sie deutete auf den Handwerker, der ganz nach den Regeln seiner Zunft gekleidet war: die Beinkleider mit ausladendem Schlag, die Weste mit acht weißen Perlmuttknöpfen geschmückt und auf dem Haupt ein stattlicher Schlapphut mit breiter Krempe.

«Er ist hier, um das Dach zu begutachten. Ganz nach Ihrem Wunsch, Papa», wiederholte Maria, während sie schelmisch lächelte.

Der Konsul seufzte tief. Wenn seine Tochter nur von der heiklen Situation Kenntnis hätte, in der sein Geschäft sich gerade befand, so wäre ihr sicherlich nicht zum Scherzen zumute.

Dahlmann hatte durch den Handel mit exquisiten Gewürzen und edlen Stoffen aus dem Morgenland zu Wohlstand und Ansehen gefunden, auch wenn der Fokus eher auf dem europäischen und regionalen Handel lag. Der Verlust eines seiner Schiffe samt seiner kostbaren Fracht drohte ihn in den Ruin zu treiben. Es war nur eine Frage der Zeit, bis seine Kreditgeber das Vertrauen verlieren und er und seine Familie in Schuldknechtschaft geraten würden. Da kamen kostspielige Instandsetzungen am Haus höchst ungelegen.

Ehe das beklemmende Schweigen den Raum in seiner Gänze zu durchdringen drohte, regte sich aus einer Ecke des Zimmers eine Stimme, die in ihrer höflichen und fast demütigen Bescheidenheit die ersehnte Linderung schenkte.

«Herr Konsul Dahlmann, es ist mir ein Privileg, in Ihrer Gegenwart weilen zu dürfen. Ihr Renommee und Ihre Anerkennung sind mir von unermesslichem Wert, und ich bin fest entschlossen, Ihnen mit all meinem Können beizustehen.»

«Dann möge er sich seiner Aufgabe widmen», erwiderte der Konsul und wies seine Tochter an, Josef auf den Dachboden zu führen, wo der für seinen verheerenden Appetit berüchtigte Hausbockkäfer sein zerstörerisches Unwesen am Gebälk trieb.

In stiller Reflexion versuchte Dahlmann abzuschätzen, welcher Betrag ihn für Josefs Tätigkeit belasten würde. Sein Gesichtsausdruck verdüsterte sich wie eine jener Gewitterwolken, die für das Untergehen seines stolzen Dreimasters verantwortlich waren. Mit einem Seufzen griff er nach seiner vergoldeten Schnupftabakdose.

Indessen hatten Maria und Josef die steile, quietschende Treppe bezwungen und fanden sich, umgeben von Spinnfäden, im zugigen Dachgeschoss wieder.

«In welchem Jahre wurde dieses Anwesen errichtet?», erkundigte sich Josef, während er mit vertieftem Ernst die Qualität und Belastbarkeit der majestätischen Dachbalken inspizierte.

«Anno ... verzeihen Sie ...», sinnierte Maria, «es müsste um 1680 gewesen sein, wenn mein Gedächtnis mich nicht trügt.»

«1680», wiederholte Josef und betrachtete die junge Frau, die, obgleich sie erst die Schwelle zum achtzehnten Lebensjahr überschritten hatte, bereits die Anmut einer betörenden Schönheit in sich trug. Ihre Züge waren von harmonischer Symmetrie, ihr Teint von einem makellosen Weiß und ihre Gesten von einer Grazie, die nur einer Dame aus vornehmem Hause zu eigen war.

Maria entging das aufkeimende Interesse des jungen Mannes nicht, und sie spürte, wie ihr Herz von einer unbedachten Zuneigung zu diesem Jüngling erfüllt wurde.

Sie schüttelte sich, als versuche sie, einen unheilvollen Bann abzustreifen, und erwiderte mit kokettem Übermut: «Haben Sie alles gesehen, was Sie sehen wollten?»

Josef sah ihr tief in die Augen: «Oh ja. Ich habe alles gesehen, was ich sehen wollte», und fügte nach einer kurzen Pause an, «... und was ich mit Freude weiter erblicken möchte.»

«Dann sei es so», sprach Maria und sprang die Stufen der Stiege hinunter, als ob sie Reißaus vor sich selbst und den aufkeimenden Gefühlen nehmen wollte.

Josef folgte ihr und überbrachte dem Konsul die missliche Nachricht, dass einige der tragenden Balken ersetzt werden müssten.

In den darauffolgenden Wochen fand Josef immer wieder Anlass, das Dahlmann'sche Domizil aufzusuchen. Mal galt es, eine essenzielle Skizze anzufertigen, zu anderen Zeiten ein unerlässliches Maß nachzutragen oder, wie er behauptete, ein vergessenes Werkzeug oder Material mitzubringen. Und das Schicksal schien es stets so zu fügen, dass er mit der Tochter des Konsuls zusammentraf, deren Empfinden nun gänzlich auf ihn ausgerichtet war.

Eines Tages, als die wachsende Zuneigung Marias ihren Höhepunkt erreichte, entwand sie in einem unbeobachteten Augenblick dem überraschten Josef seinen weiten Hut und schenkte ihm einen Kuss voll sinnlicher Zärtlichkeit, welchen Josef mit gleicher Innigkeit erwiderte.

Die Liebe zwischen Maria und Josef, die wie ein zartes Pflänzchen in den schützenden Mauern der Dahlmann'schen Residenz aufkeimte, entfaltete sich trotz der Vorbehalte von Marias Familie, die eine Liaison mit einer anderen renommierten Kaufmannsfamilie der Stadt bevorzugt hätte.

Vor allem der Konsul äußerte seine Besorgnis: «Maria, mein innigst geliebtes Kind, hast du in der Tiefe deines Herzens erwogen, ob du den Annäherungen deines Bewunderers nachkommen möchtest? Es gibt zahlreiche angesehene Geschlechter in Lübeck, die eine vorteilhaftere Verbindung für dich darstellen würden.»

Maria blickte ihrem Vater mit Entschiedenheit in die Augen und legte behutsam ihre Hand auf seinen Arm.

«Vater, ich achte Ihre Bedenken, doch mein Herz hat sich Josef zugewandt. Er ist ein Mann von außergewöhnlicher Integrität und Aufrichtigkeit. Gemeinsam werden wir unser Glück finden und ein Haus gründen, das von Liebe und Wahrhaftigkeit durchdrungen ist.»

Der Konsul ließ sich von Marias Bestimmtheit rühren und musterte Josef mit neuem Blick, beginnend, das zu erkennen, was seine Tochter in ihm sah.

«Maria, ich vertraue deinem Urteilsvermögen. Wenn du glaubst, dass Josef der rechte Mann für dich ist, so soll er im Hause Dahlmann willkommen geheißen werden.»

Strahlend schloss Maria ihren Vater in die Arme und jubilierte: «Mein Papa, Sie sind doch der Liebste, Beste, Feinste!»

Der Konsul schob sie sanft von sich, gleich einem ungestümen

Kätzchen, aber mit einem Lächeln. Sein Innerstes indes wurde von Sorgen gänzlich anderer Natur heimgesucht. Die Kaufleute und sonstigen Honoratioren Lübecks würden von ihm erwarten, dass er ein opulentes Hochzeitsfest veranstalten würde, doch er stand am Rande des finanziellen Abgrunds. Seitdem er seine Wechsel ein letztes Mal verlängert hatte, war er der Gnade seiner Gläubiger ausgeliefert. Die drohende Schande eines wirtschaftlichen Ruins und der damit verbundene gesellschaftliche Abstieg lasteten schwer auf ihm. Er hoffte inständig auf eine günstige Wendung des Schicksals, um dieser Misere zu entkommen.

Inmitten dieser finanziellen Turbulenzen bemerkte der Konsul, dass Maria, die sonst so lebensfrohe und energische Tochter, immer öfter in sich gekehrt und nachdenklich wirkte. Ihre sonst so rosigen Wangen schienen blasser, und sie zog sich immer häufiger in ihre Gemächer zurück.

Eines Tages, geplagt von einem diffusen Unwohlsein, sah sie sich genötigt, den Hausarzt Doktor Martini zu konsultieren. Nach eingängiger Untersuchung, und nachdem er sein Hörrohr und den kleinen Reflexhammer mit dramatischer Geste verstaut hatte, verkündete Martini mit der nüchternen Miene eines Mediziners, der bereits alle Freuden und Leiden der Menschheit gesehen hatte: «Sie ist guter Hoffnung, Herr Konsul. Ihre Tochter erwartet ein Kind!»

Dahlmann schwankte ob dieser Nachricht und tastete nach dem festen Halt seines Lehnstuhls, sein Gesicht ein Bild bestürzter Konsternation und schlagartig gealtert.

«Das kann nicht sein. Das darf nicht sein!»

«Es liegt mir fern, Sie zu beunruhigen, Herr Konsul, doch das, was in Ihren Augen nicht geschehen sollte, hat sich dennoch ereignet. Denn ein neues Leben zu schenken, ist die erhabenste Gabe, die uns Sterblichen zuteilwerden kann.»

Mit Sorgfalt knöpfte der Arzt seinen Gehrock zu, ergriff seinen Stock und das kleine Medizintäschchen und verabschiedete sich. Doch nicht, ohne zuvor einen Umschlag mit seinem Honorar entgegengenommen zu haben.

Der Konsul ließ sich schwer in den Lehnstuhl sinken. Das Schicksal schien ihm nicht nur geschäftlich, sondern auch in persönlicher Hinsicht übel mitzuspielen. Ein Kind außerhalb der Ehe würde unweigerlich den dunklen Schatten der Schande über das Haus Dahlmann werfen.

Mit einem Blick, in dem sich Enttäuschung und Zorn mischten, trat er an Marias Bett heran und stellte die brennende Frage: «Hast du dich mit Josef in einer Weise vereinigt, die nur im heiligen Bund der Ehe ihren Platz hat?»

Das junge Mädchen brach in Tränen aus. «Nein! Nein! Nein! Ihr müsst mir glauben!» Verzweifelt suchte sie ihren Vater von ihrer Unschuld zu überzeugen, doch alle Beteuerungen, Erklärungen und Dementis waren vergebens.

«Verlasse sogleich mein Haus! Du wirst keine weitere Nacht unter diesem Dach verbringen. Du bist nicht länger meine Tochter, und ich bin nicht mehr dein Vater!»

Mit gebrochenem Herzen und unter Tränen verließ Maria das Patrizierhaus, begleitet von den mitleidigen Blicken der dem Konsul ergebenen Dienerschaft.

Draußen auf dem Kopfsteinpflaster eilte ihr eine Kammerzofe nach und raunte ihr eine Adresse zu. Maria solle sich zur Kanalstraße begeben und dort an der Pforte des baufälligen Eckgebäudes anklopfen. Alles Weitere werde sich ergeben. In der Zwischenzeit würde die aufmerksame Zofe Josef von der bedrückenden Wendung der Ereignisse unterrichten.

Wie ihr geheißen, machte sich Maria auf den Weg zur Kanalstraße und erreichte bald das heruntergekommene Anwesen, das sich als Refugium für werdende Mütter herausstellte, die aus vielfältigen Gründen in Bedrängnis geraten waren.

Maria versuchte alsbald, in dem ihr zugewiesenen kargen Raum eine Atmosphäre der Geborgenheit zu schaffen, was ihr in bester Manier gelang.

Josef, der die Nachricht von Marias Zustand und ihrer Vertreibung erhalten hatte, fühlte sich von einer tiefen Unruhe erfasst. Obwohl er wusste, dass er nicht der Vater des Kindes war, konnte er das Schicksal Marias nicht tatenlos mitansehen. Trotz der Bitterkeit und Enttäuschung, die er über die unerwartete Wendung empfand, beschloss er, Maria an ihrem neuen Zufluchtsort aufzusuchen, fest entschlossen, sie nicht im Stich zu lassen.

Die Wochen zogen ins Land, und unaufhaltsam näherte sich der Tag der Entbindung.

Eines Abends, als Josef unruhig die Stätte verließ, um unter dem sternenübersäten Himmel seiner Pfeife zu frönen, erblickte er über den schattigen Dächern der Hansestadt einen Stern von ungewöhnlicher Strahlkraft. Ein Zeichen, das die bevorstehende Geburt ihres Kindes verkündete? In den späten Stunden jenes Abends bewahrheitete sich diese Ahnung, als Maria einen gesunden Sohn zur Welt brachte, dem sie den Namen Jesus gab.

Kurz darauf, in der tiefsten Nacht, klopften drei vornehm gekleidete Herren an die bescheidene Tür des Hauses an der Kanalstraße. Sie präsentierten sich als Gesandte der benachbarten Hansestädte und trugen prächtige Gefäße in ihren Händen.

Mit ehrerbietiger Stimme verkündete der erste Gesandte: «Aus dem Herzen der Hansestadt Bremen bringe ich Rosenwasser, als Symbol der innigsten Liebe und Verehrung.»

Der zweite fügte hinzu: «Zerstoßene Mandeln aus der Hansestadt Hamburg, sie symbolisieren die mannigfaltigen Schicksalsschläge und Glücksmomente, die das Dasein für uns bereithält.»

Der Dritte, seine Stimme von einer tiefen Ehrfurcht getragen, schloss: «Und aus der Hansestadt Rostock reichen wir euch Puderzucker dar, als Allegorie für die Süße, die in den seltenen Augenblicken des Glücks verborgen liegt.»

Maria und Josef, von der unerwarteten Visitation und den exquisiten Gaben zutiefst berührt, dankten den Herren und stellten die Gefäße beiseite, ohne zu erahnen, welch eine Bestimmung sie in der Zukunft erfüllen würden.

Einige Jahre waren ins Land gezogen, als Jesus, nunmehr ein Knabe von wachem Geiste, jene Gefäße, die in einer verwaisten Ecke des Hauses ruhten, mit neugierigem Blick erspähte. Getrieben von kindlichem Forscherdrang und einer unbändigen Experimentierlust, vermengte er das Rosenwasser mit den fein zerstoßenen Mandeln und dem Puderzucker. Mit seinen zarten Fingern formte er daraus kleine Kugeln und kostete. Ein Leuchten, gleich dem ersten Licht des Morgens, erhellte seine Augen.

Maria und Josef, Zeugen dieses kreativen Schaffens, ließen sich von seinem Frohlocken anstecken und kosteten ebenfalls von der süßen Speise. Sie fanden sich entzückt von der Geschmackskomposition, einer harmonischen Verschmelzung von zarter Süße, nussigem Unterton und der blumigen Note des Rosenwassers.

«Diese Kreation könnte in Lübeck Anklang finden», sinnierte Josef, den Blick in die Ferne gerichtet. «Ein schlichtes Rezept zwar, doch aus solch erlesenen Ingredienzien könnte es uns zu neuer Blüte verhelfen.»

So begannen sie, die Delikatesse in der Stadt zu verkaufen. Schnell erlangte die Leckerei Beliebtheit, und viele Lübecker Bürger erfreuten sich an ihrem Geschmack.

Konsul Dahlmann aber, der von dieser neuen Köstlichkeit Kenntnis erlangte, sah darin eine Gelegenheit zur Versöhnung und unterbreitete Maria und Josef das Angebot, die Ware unter seinem renommierten Namen zu vertreiben. Er versprach ihnen einen Anteil von zehn Prozent des Profits – eine Provision, die er sonst niemandem zugestanden hätte, wie er betonte. Maria und Josef, dem Konsul sein Verhalten vor Jesu Geburt verzeihend und ebenfalls um Aussöhnung ringend, nahmen den Vorschlag an. Das Geschäft florierte, und die Familie, insbesondere der Konsul, erlangte Wohlstand und Ansehen in Lübeck.

Als Jesus heranreifte, ließ er seiner Experimentierfreude freien Lauf und kreierte neue Varianten. Eines Tages wälzte er die Kugeln in feinstem Kakaopulver. Der Konsul, stets auf der Suche nach neuen Geschäftsideen, schlug vor, diese neue Kreation «Jesus-Kugeln» zu nennen. Doch Jesus in seiner Bescheidenheit winkte ab.

«Es sind andere Bestrebungen, die mich rufen, Großvater», sprach er. «Andere Aufgaben, fernab dieser Heimat und meines bisherigen Wirkens erwarten mich. Und dafür bedarf es meines Namens in all seiner unberührten Reinheit. Nennen wir sie nicht ‹Jesus-Kugeln›. Nennen wir sie lieber ‹Marzipankartoffeln›.»

Und so geschah es.

Der aus einer Lübecker Patrizier- und Kaufmannsfamilie stammende Schriftsteller **Thomas Mann (1875–1955)** gilt als einer der bedeutendsten Autoren des 20. Jahrhunderts. Mit seinen tiefgründigen Romanen und Erzählungen prägte er die deutsche Literatur und erlangte weltweite Anerkennung. Für seinen Gesellschaftsroman «Buddenbrooks» erhielt er 1929 den Nobelpreis für Literatur und gilt bis heute als einer der einflussreichsten Erzähler der Moderne.

Marie Kondō: Aufräumen bei Maria und Josef

In der kühlen Abenddämmerung von Bethlehem rollt ein Fahrzeug über die staubigen, jahrtausendealten Wege. Abrupt hält es vor einem unscheinbaren Stall. Aus dem Wagen springen die japanische Aufräumexpertin Marie Kondō und fünf Mitglieder ihres TV-Teams. Sie wuchten ein dieselbetriebenes Stromaggregat aus dem Fahrzeug und beginnen, ihre Kameras, Mikrofone und Scheinwerfer aufzubauen.

Kondō trägt ihr charakteristisches weißes Outfit. Sie nähert sich dem Eingang zum Stall. Maria und Josef, die frischgebackenen Eltern, schauen überrascht auf.

«Guten Abend, ich bin Mari Kondō. Wir drehen eine Dokumentation darüber, wie man auch an den ungewöhnlichsten Orten aufräumt und ausmistet. Wir haben gehört, dass in diesem Stall ein neues Leben begonnen hat, und wir möchten Ihnen helfen, den perfekten Start in diese neue Ära zu schaffen.»

Maria und Josef tauschen verwirrte Blicke aus. Josef antwortet vorsichtig: «Wir wissen Ihr Angebot zu schätzen, aber wie Sie sehen, haben wir hier nicht viel …»

Kondō nickt verständnisvoll. «Genau deshalb sind wir hier. Es geht nicht darum, was man hat, sondern dass einem das, was man hat, Freude bereitet.»

Maria wiegt das Kind liebevoll in ihren Armen und sagt leise: «Das tut es schon.»

«Aber wenn ich mich hier im Stall umschaue, ist davon wenig zu sehen. Dabei kann Aufräumen Ihr Leben verändern. Indem Sie sich fragen, was Ihnen Freude bereitet und was nicht, erkennen Sie, was wirklich Bedeutung hat in Ihrem Leben. Dabei ist es wichtig, Dankbarkeit gegenüber den Dingen auszudrücken: gegenüber denjenigen, die Sie behalten wollen, und denjenigen, die ihren Dienst getan haben und entsorgt werden. Sind Sie denn dankbar?»

Bevor Maria und Josef antworten können, fährt Kondō fort. Es sei sehr wichtig, dass Maria und Josef ihre Dankbarkeit angemessen zeigen würden. Sie beginnt mit dem Stroh, das dem neugeborenen Jesus als Bett dient. «Lasst uns jedem Halm Stroh für seine Dienste danken», beginnt sie, während Maria und Josef sich weiterhin fragende Blicke zuwerfen.

Kondō schwärmt von der Wärme und Reinheit, die das Naturmaterial ausstrahlt, während Josef leise murmelt, dass eine Decke hilfreicher wäre.

Sofort dreht sich Kondō zu Josef um und schaut ihn prüfend an. «Ah, dann fangen wir mal mit Ihnen an. Was ist mit Ihrem zerschlissenen Gewand?», fragt sie. «Glauben Sie, dass es Ihnen noch Freude bereitet oder die Hoffnung widerspiegelt, die dieser Raum ausstrahlen soll?»

Josef, dem die Situation sichtlich unangenehm ist, stottert. «Das ist alles, was ich habe ...», doch Marie unterbricht ihn sanft, aber bestimmt. «Es ist wichtig, Schritt für Schritt vorzugehen und nur das zu behalten, was wirklich Freude macht.»

Sie fordert ihn auf, Stück für Stück seine Kleider auszuziehen und sie auf die Stapel «Behalten» oder «Dankbarkeit und Loslassen» zu legen.

Schließlich steht Josef nur noch in seiner Unterhose da. Neben ihm die Stapel mit den Kleidungsstücken, die nun aussortiert oder weggeworfen werden sollen. Marie nickt zufrieden. «Spüren Sie, wie viel freier Sie jetzt sind? Das ist der erste Schritt in ein neues, glückliches Leben.»

Josef nickt. Er zittert vor Kälte und bedeckt verschämt seine

Blöße. Marie Kondō wendet sich den wenigen Habseligkeiten der Heiligen Familie zu. Ihr Blick fällt auf die Geschenke der drei Weisen aus dem Morgenland: Gold, Weihrauch und Myrrhe.

«Was ist mit diesen Dingen?», fragt sie und nimmt die kostbaren Gegenstände vorsichtig in die Hand. «Bringen diese Dinge Ihnen Freude?»

Maria, die bisher schweigend zugesehen hat, antwortet vorsichtig: «Nun, es sind Geschenke zur Geburt unseres Sohnes.»

«Es kommt nicht auf den materiellen Wert an, sondern auf die Freude, die sie Ihnen bereiten», entgegnet Kondō und betrachtet das Gold kritisch. Die Weisen, die sich bis dahin im Hintergrund gehalten hatten, tauschen besorgte Blicke aus, unsicher, wie sie auf den Gedanken reagieren sollen, dass ihre sorgfältig ausgewählten Geschenke nicht genug Freude bringen könnten.

Maria schaut unsicher.

«Ich sehe, Sie sind noch nicht bereit loszulassen. Dann lassen Sie uns die Dinge erst mal kategorisieren und sortieren. Man soll immer nach Kategorien aufräumen, nicht nach Orten. Das Gold sollte also zu den anderen Edelmetallen.»

«Aber wir haben doch gar keine anderen Edelmetalle ... Das Gold hier ist das erste und einzige, das wir haben.»

«Gut, dann legen Sie die Myrrhe in die Schublade mit den Balsamiermitteln und den Weihrauch in die Schublade mit dem Räucherwerk.»

Maria und Josef schauen sich ratlos an. Im Stall gibt es keine Schubladen.

Doch Kondō beschäftigt sich schon mit den Tieren im Stall. «Was haben wir denn da? Schafe, einen Esel und Ochsen. Man könnte sie unterschiedlich sortieren, zum Beispiel nach ihrem Verhalten. Esel sind eher Einzelgänger. Schafe und Rinder sind Herdentiere. Oder nach ihrer Nutzung: Schafe und Rinder werden wegen ihrer Wolle, ihres Fleisches und ihres Leders gehalten. Esel werden als Lasten- und Reittiere genutzt. Oder nach Größe, Farbe und Temperament. Das müssen Sie im Prinzip selbst für sich entscheiden.»

Mit einer energischen Bewegung wendet sie sich den Hirten zu. «So, und jetzt zu euch. Ich zeige euch, wie ihr eure Mäntel zusammenlegt. Das spart Platz und Zeit und schafft Ordnung im Kopf.»

Sie nimmt einem der verdutzten Hirten den Mantel ab und demonstriert ihre berühmte Falttechnik. Fasziniert beobachten die Hirten, wie sich ihre wenigen Kleidungsstücke in ordentliche kleine Bündel verwandeln.

Schließlich richtet sich Marie mit einem bedeutungsvollen Lächeln an Maria und flüstert ihr zu: «Das Prinzip des Aufräumens lässt sich auch auf andere Lebensbereiche übertragen, zum Beispiel auf das Kennenlernen.»

Maria schaut sie fragend an.

«Dann sage ich es noch deutlicher: Gibt es in Ihrem Leben Beziehungen, die Sie gerne aufräumen würden, weil sie Ihnen keine Freude mehr bereiten?»

Kondō deutet verstohlen auf Josef, der immer noch in seiner Unterhose dasteht.

Maria zuckt verlegen zusammen. «Äh, ja, nein …»

«Nun ja, wie gesagt. Das müssen Sie selbst entscheiden. Ich kann Ihnen nur aufs Pferd helfen, reiten müssen Sie selbst.» Sie schaut auf ihre Armbanduhr. «Ich muss mich verabschieden. Wir müssen das Material noch schneiden.»

Auf ein kaum wahrnehmbares Zeichen von ihr hin bauen die Teammitglieder den Dieselgenerator und die restliche Ausrüstung ab und verstauen alles im Auto. Blitzschnell rast der Transporter in einer riesigen Staubwolke davon.

Maria schaut Josef an. Josef schaut Maria an. Die Hirten schauen sich an, die Weisen schauen sich an, selbst die Tiere scheinen sich anzuschauen.

Und so vergehen einige qualvoll lange Sekunden, bis Maria sagt: «Zieh dich wieder an, Josef!»

Marie Kondō wurde am **9. Oktober 1984** in Tokio geboren. Sie ist Autorin der Bestseller-Buchreihe «Magic Cleaning» und Begründerin der nach ihr benannten Aufräummethode KonMari. 2019 startete Kondō die Netflix-Serie «Aufräumen mit Marie Kondō», die ihre Popularität weiter steigerte. Die Aufräumkönigin, die mittlerweile auch allerlei Krimskrams verkauft, ist bekannt für ihre zentrale Frage: «Does it spark joy?» (Macht es glücklich?)

Mark Twain: Das Wunder von St. Petersburg

An einem klaren Sonntagmorgen, an dem selbst die Vögel fromme Melodien trällerten, fand sich Tom Sawyer in der stickigen Sonntagsschule wieder, eingepfercht zwischen knarzenden Holzbänken und ausdruckslosen Gesichtern. Die Fenster standen weit offen, aber die Luft war schwer und träge. Sie schien genauso gelangweilt wie Tom.

Mrs. Thatcher, deren strenge Miene und scharfe Nase sie auch äußerlich als Wächterin der Moral kennzeichneten, dozierte über einen Bibelvers, der Tom so fern war wie der Mond.

Toms Gedanken schweiften ab, weit weg von den trockenen Bibelversen. Er träumte von Piraten, verborgenen Schätzen und seinem treuen Gefährten Huckleberry Finn, den jeder bloß Huck nannte und der draußen unter Gottes freiem Himmel gewiss allerhand Schelmereien und Schabernack trieb.

«Thomas Sawyer!», donnerte Mrs. Thatcher mit einer Stimme, die jeden Sünder erzittern ließ. «Kannst du wiederholen, was König David in all seiner Weisheit verkündet hat?»

Tom, der von König David so viel wusste wie ein Fisch vom Baumklettern, stammelte: «Äh, er meinte wohl ... äh ... ‹Macht die Leinen los und hisst das Großsegel›?»

Ein Kichern ging durch die Reihen, und Mrs. Thatchers Gesicht nahm die Farbe einer reifen Tomate an. Tom kannte diesen Ausdruck nur zu gut und spürte, dass ein Donnerwetter im Anmarsch war. Er war sich sicher, dass ihm seine kecke Antwort einige Stunden Nachsitzen einbringen würde, es sei denn, er fände rasch einen Ausweg.

Schnell zog er den Frosch aus seiner Tasche, den er als Geisel für solche Gelegenheiten gefangen hatte, und setzte ihn auf den Boden.

Das Tier, dankbar für seine neu gewonnene Freiheit, hüpfte mit einer Begeisterung durch den Raum, die man bei einem solchen Geschöpf kaum erwartet hätte.

«Um des Himmels willen! Ein Frosch!», schrie Jenny Harper.

Das Klassenzimmer geriet in helle Aufregung. Die Kinder sprangen auf ihre Bänke, einige ließen spitze Schreie los, andere kicherten vergnügt. Sally schlug vor Entsetzen die Hände über dem Kopf zusammen. Billy sprang auf und versuchte, den Frosch mit schnellen Händen einzufangen. Doch das flinke Geschöpf entwischte ihm immer wieder aus den Fingern. In einer Ecke des Raumes zog die kleine Emily ihre Schürze über den Kopf und murmelte leise ein Gebet, in der Hoffnung, dass das Tierchen ihr nicht zu nahe kommen würde. Mrs. Thatcher, mit zitternden Händen und flatterndem Herzen, versuchte vergeblich, den wilden Haufen zu bändigen. Es war ein wildes Durcheinander aus Schreien, Lachen, Gekreische und geflüsterten Gebeten.

Inmitten des Tumults schlüpfte Tom aus der Tür und ließ die Sonntagsschule mit ihren frommen Lektionen hinter sich. Er spürte ein Gefühl der Befreiung, als er durch die staubigen Straßen von St. Petersburg schlenderte. Hier schienen jedes Haus und jeder Zaun eine eigene Geschichte zu erzählen. Er steuerte auf den Teil des Flusses zu, der breit und mächtig dahinfloss. Dieser wilde und freie Ort war der geheime Treffpunkt, an dem er und Huck ihre Streiche ausheckten.

Wie er es sich erhofft hatte, traf er dort auf Huckleberry Finn, der auf einem abgetretenen Steg saß. Mit den Füßen im Wasser baumelnd, einem zerfledderten Strohhut, der ihm Schatten spendete, und einem Lächeln, das Freiheit und Sorglosigkeit verriet, schien Huck der unbestrittene König dieses wilden Fleckchens Erde zu sein.

«Hey, Huck, Junge!», rief Tom. Seine Augen funkelten vor Übermut. «Du glaubst nicht, was ich gerade angestellt habe!»

Huck hob den Blick und schob seinen alten Strohhut zurück. «Ich wette, du hast wieder die Sonntagsschule geschwänzt, oder, Tom?», fragte er grinsend. «Mrs. Thatcher wird sicher nicht erfreut sein.»

Tom lachte: «Das kann man wohl sagen! Aber warte, das ist noch nicht alles. Weißt du noch den Frosch, den ich gestern gefangen habe?»

Huck nickte neugierig. «Ja, was hast du mit ihm angestellt?»

Tom grinste breit: «Nun, ich habe ihn mitten ins Klassenzimmer gesetzt, genau während Mrs. Thatcher ihre Lektion hielt. Du hättest ihr Gesicht sehen sollen, Huck!»

Huck lachte laut und klopfte ihm auf die Schulter: «Tom, du bist der schlimmste und feinste Kerl, den ich kenne.»

Die beiden Jungen tauschten einen Blick, und in diesem Moment schien eine stille Übereinkunft zwischen ihnen zu herrschen. Es war einer dieser seltenen Augenblicke, in denen sie sich vollkommen im Einklang mit der Welt fühlten.

Plötzlich trug ihnen der Wind ein fernes Geräusch zu. Das lebhafte Schmettern von Trompeten, das Echo von aufbrandendem Applaus und das Gelächter von Menschen vermischten sich zu einem aufregenden, pulsierenden Lied.

«Verflucht, Huck, hörst du das?»

Huck horchte auf. «Jawohl ... Was ist das? Nicht etwa das, was ich denke?»

Tom nickte heftig: «Genau das, Huck! Die ganze Stadt spricht von nichts anderem.» Tom hielt inne, ließ seinen Blick schweifen und genoss den Moment der Spannung, bevor er mit einem verschmitzten Lächeln fortfuhr: «Die Zirkusleute haben ihr Lager am Rande der Stadt aufgeschlagen, dort, wo sonst die Armen leben.»

Hucks Augen funkelten, als hätte Tom ein Feuer entfacht: «Dann, beim Kuckuck, lass uns dorthin gehen, Tom!»

Ohne weiteres Zögern gingen die Jungen los. Der staubige Weg führte sie vorbei an Feldern und alten Holzhäusern, bis schließlich das Zirkusgelände vor ihnen auftauchte. Zelte unterschiedlichster Größen und in leuchtenden Farben standen vor ihnen, so weit das Auge reichte, umgeben von einem bunten Meer aus flatternden Fahnen. Das fröhliche Lachen der Kinder mischte sich mit dem sehnsüchtigen Blick derjenigen, die sich den Eintritt nicht leisten konnten. Das laute Rufen der Händler und der süße Duft von Zuckerwatte und gebrannten Mandeln erfüllten die Luft. Es war, als hätten die beiden Jungs eine andere Welt betreten, eine Welt voller Wunder und Geheimnisse.

Tom und Huck staunten über das bunte Treiben des Zirkusgeländes, wohl wissend, dass ihre Reise noch längst nicht zu Ende war. Sie blickten sich gegenseitig an, und Huck stellte die knifflige Frage: «Wie kommen wir da rein ohne einen einzigen Cent?»

Plötzlich bemerkten sie zwei Zirkusartisten in der Nähe: Es waren Mary, die Trapezkünstlerin, und Joe, der Messerwerfer. Mary war, das sah man schon von Weitem, hochschwanger. Die beiden tauschten besorgte Blicke aus, und die Gesprächsfetzen, die Tom und Huck vernahmen, ließen erahnen, dass sie sich Gedanken über die Zukunft machten. Marys bevorstehende Mutterschaft könnte ihre gefeierte Nummer, den Höhepunkt des Zirkusprogramms, verhindern.

«Joe, was sollen wir nur tun?» Marys Stimme klang dünn in der Abendkühle. In diesem Moment bemerkte sie die beiden Jungen und ihre neugierigen Blicke und hielt inne.

Ehe Joe ein Wort erwidern konnte, platzte Tom heraus: «Wir könnten vielleicht helfen, Ma'am.» Er warf Huck einen stillen Blick zu, und dieser, rasch die Botschaft erfassend, zog seinen Strohhut ab und verbeugte sich mit einer Eleganz, die man von ihm nicht erwartet hätte.

Joe runzelte die Stirn und fragte skeptisch: «Und wie, zum Kuckuck, wollt ihr zwei Burschen uns ‹behilflich sein›?»

«Was, wenn wir die Geburt in die Show einbinden?», schlug Tom vor. «Wir könnten es so aussehen lassen, als ob das Baby in einem fernen Land in einem einfachen Stall geboren wird, aber ein großer Zauberer ist, der Wunder vollbringt.»

Mary lachte leise, aber in ihren Augen glitzerte Interesse. «Und warum denkt ihr, würde den Leuten das gefallen?»

«Weil es eine gute Geschichte ist, Ma'am», antwortete Tom selbstbewusst. «Die Menschen sehnen sich nach Magie und Wundern, nach Geschichten, die ihr Herz berühren und ihre Fantasie entfachen. In einer Welt, in der die Kirche oft mehr Macht als der König hat und in der die Wahrheit hinter prächtigen Fassaden verborgen liegt, suchen die Menschen nach Geschichten, die ihnen Hoffnung geben. Die Geburt eines großen Zauberers in einem bescheidenen Stall erfüllt diese Sehnsucht.»

Für einen Moment schien Tom selbst von der Tiefe und Weisheit seiner eigenen Worte überrascht. Joe und Mary diskutierten eine Weile hin und her, bis Mary schließlich sagte: «Einverstanden. Probieren wird es. Wir haben schließlich kaum eine andere Wahl.»

Sofort begannen die Jungen, ihren Plan umzusetzen und errichteten einen provisorischen Stall in der Manege. Sie arbeiteten bis in die frühen Morgenstunden hinein. Ihre Hände waren von der Arbeit rau und schmutzig, ihre Augen rot vom wenigen Schlaf und ihre Wangen glühten vor Anstrengung. Doch der

Gedanke an den kommenden Tag und die erstaunten Gesichter der Zuschauer ließ sie ihre Erschöpfung vergessen.

Obwohl sie beim Aufbau des Stalls recht geschickt zu Werke gingen, stellte die Beschaffung der Tiere eine ganz andere, gänzlich unerwartete Herausforderung dar.

«Wir brauchen einen Esel, einen Ochsen und drei Schafe», wies Tom den verdutzten Joe an.

«Aber wir haben keinen Esel», erwiderte Joe kopfschüttelnd, nur um von Mary unterbrochen zu werden: «Doch, das Zebra! Wenn man es denn so nennen kann.»

Joe guckte einen Augenblick verdutzt, dann verstand er. Er verschwand und kam kurz darauf mit einem Zebra, einem Eimer Wasser und einer Bürste zurück. Da der Zirkus sich kein echtes Zebra leisten konnte, hatte man einen Esel hergenommen und ihm Streifen aufgemalt. Mit festem Griff und viel kaltem Wasser schrubbte Joe den Esel sauber, bis das graue Fell zum Vorschein kam.

Für den Ochsen, den sie für ihre Weihnachtsszene brauchten, mussten sie sich etwas anderes einfallen lassen. Sie holten das alte Holzpferd, das sonst als Zielscheibe für Joes Messerwurf-Darbietung diente. Mit einem Rest Farbe, alten Stoffen und einer Menge Erfindungsgeist machten sie aus dem Holzpferd einen recht ansehnlichen Ochsen. Und siehe da, das bemalte Holzpferd stand da, als ob es wüsste, dass es zu Höherem bestimmt war.

Die Schafe? Das waren Pudel, die sonst tanzten, um die Leute zu amüsieren. Die Burschen zogen ihnen Kostüme aus alten Vorhängen und Watte über, die sie mit Wäscheklammern befestigten. Die Pudel, sichtlich vergnügt, hüpften herum und sahen dabei wirklich wie Schafe aus.

Nachdem Tom und Huck alles vorbereitet hatten, traf der Zirkusdirektor eine überraschende Entscheidung. Er bat Tom, die

Nummer zu leiten. Tom suchte in der Kostümkiste nach etwas Passendem und fand einen alten Frack, den er stolz überzog.

Als der Abend hereinbrach und das Zirkuszelt sich mit erwartungsvollen Gesichtern füllte, war alles bereit. Tom betrat die Manege. Das flackernde Licht der Öllampen spielte auf seinem Gesicht und sein Herz klopfte wie wild.

«Meine Damen und Herren!», rief er mit einer Stimme, die vor Aufregung bebte. «Heute Abend führen wir Ihnen ein Schauspiel vor, das Sie noch nie zuvor gesehen haben!»

Mit einer Erzählkunst, die das Publikum in seinen Bann zog, begann er die Geschichte eines jungen Paares zu schildern, das auf der Suche nach einer Herberge für sich und sein ungeborenes Kind war. Seine Worte malten Bilder in die Köpfe der Zuschauer, von endlosen Wüsten im entfernten Palästina, von funkelnden Sternen und einer Nacht, in der ein Zauberer geboren werden würde.

Ursprünglich wollten Tom und Huck zum Höhepunkt der Nummer eine Puppe als Neugeborenes präsentieren und hatten sogar eine kleine Wiege vorbereitet, um die Illusion perfekt zu machen. Doch das Schicksal hatte andere Pläne. Schon am frühen Abend hatte Mary ein leichtes Ziehen im Unterleib verspürt. Aus Pflichtgefühl und in der leisen Hoffnung, dass das Baby noch auf sich warten lassen würde, bereitete sie sich auf ihren Auftritt vor.

Gekleidet in einen schlichten Mantel, trat sie ins Rampenlicht. Ihr Gesicht war ein Bild von Entschlossenheit und Sanftmut. Die Zuschauer waren tief berührt von der natürlichen Grazie der werdenden Mutter, als sie den improvisierten Stall betrat und sich auf dem Stroh niederließ. Hinter dem Vorhang des Stalls stand für den Fall der Fälle eine erfahrene Hebamme bereit, sorgsam verborgen vor den Blicken der Zuschauer.

Die Geschichte nahm ihren Lauf. Aus dem sanften Ziehen entwickelten sich im Verlauf der Vorstellung starke Wehen, sodass Maria in der Manege, von Joe durch Tücher vor allzu neugierigen Blicken geschützt, ihr Kind zur Welt brachte. Dieses unerwartete, aber wahre Wunder übertraf alles, was die Jungs geplant hatten.

Als schließlich ein Schrei die Stille der Manege durchschnitt und Mary ein kleines Bündel in die Höhe reckte, brach das Publikum in Beifall aus. Selbst Tom und Huck waren für einen Moment sprachlos vor Staunen – das, was als einfache Theatervorstellung und Illusion einer Geburt begonnen hatte, war Wirklichkeit geworden.

«Und nun, meine Damen und Herren, werden uns die Weisen aus dem Morgenland die Ehre erweisen», verkündete Tom feierlich und winkte mit einer Hand zur Zeltöffnung. «Sie folgen der Vorhersehung, um dem neugeborenen Kind ihre Aufwartung zu machen.»

Kaum hatte er diese Worte ausgesprochen, schritten drei stattliche Gestalten in prachtvollen Gewändern in die Manege. Es waren der Feuerschlucker, der Zauberkünstler und der Schlangenbeschwörer. Doch ihre prächtigen Kostüme und ihr erhabenes Auftreten ließen die Zuschauer glauben, sie seien tatsächlich aus fernen Landen gekommen, um dem Kind ihre Ehrerbietung zu erweisen.

«Das sind mal Kostüme», bemerkte Huck mit einem Augenzwinkern, als die drei Künstler an ihm vorbeigingen. Sie zwinkerten ihm zu und verneigten sich tief vor dem improvisierten Stall.

Einer nach dem anderen trat vor Mary und legte seine Geschenke nieder: eine funkelnde Kristallkugel vom Zauberer, ein mit Juwelen besetztes Diadem vom Schlangenbeschwörer und einen goldenen Stab vom Feuerschlucker. Mit einer weiteren tiefen Verbeugung verließen sie die Manege, begleitet vom tosenden Applaus der Zuschauer.

Tom erkannte sofort die Chance. Er zog Huck zur Seite und flüsterte ihm zu: «Huck, ich glaube, wir können hier noch mehr rausholen.»

Huck runzelte die Stirn, als er versuchte, Toms Gedankengang zu folgen. «Woran denkst du?»

«Ich meine, wir sollten um ein paar Münzen für Mary, Joe und den Kleinen bitten», erklärte Tom. Huck nickte zustimmend. Er nahm seinen Strohhut ab, machte sich auf den Weg durch die Zuschauerreihen und hielt ihn den Leuten hin.

«Für die junge Familie», sagte er schlicht. Die Zuschauer, noch immer vom Drama der Vorstellung ergriffen, gaben großzügig. Münzen und Dollarnoten füllten nach und nach den Hut, bis er zum Rand hin voll war.

Nachdem die Vorstellung unter Toms Regie ein unerwarteter Erfolg geworden war, kam der Zirkusdirektor auf die Jungen zu. Mit einem anerkennenden Nicken sagte er: «Jungs, ihr habt heute Abend etwas Außergewöhnliches geschaffen. Wie würdet ihr es finden, euch uns anzuschließen?» Tom und Huck warfen sich einen Blick zu. Die Aussicht auf ein Abenteuer war zu verlockend, um das Angebot abzulehnen. «Wir sind dabei», antwortete Tom, und Huck nickte zustimmend. So begann für die beiden Freunde ein neuer Lebensabschnitt, der sie quer durchs Land und tief in die Welt des Zirkus führte.

In den folgenden Jahren wuchs das Stück über seine bescheidenen Anfänge hinaus. Der Sohn von Joe und Mary, dem sie den Namen Paul gegeben hatten, wuchs zu einem ehrgeizigen und spielfreudigen jungen Mann heran. So kam es, dass Paul in der Show die Rolle von «Jesus, dem Erlöser» übernahm, eine Figur, die sich Tom und Huck ausgedacht hatten. Dieser Erlöser sollte die Welt retten und Wunder vollbringen.

Für diese Kunststückchen arbeiteten sie eng mit dem Zauberer zusammen, der Paul die entsprechenden Tricks beibrachte. Es gab Vorstellungen, in denen Jesus Brot vermehrte, um eine hungrige Menschenmenge zu speisen. Ein anderes Mal verwandelte er Wasser in Wein, was die Zuschauer in Entzücken versetzte. Die braven Besucher, die treu ihre Karten für diese besondere Vorstellung gekauft hatten, wurden Zeugen unglaublicher Wunder, die der Fantasie von Tom und der geschickten Choreografie des Illusionisten entsprangen.

Im Laufe der Jahre, in denen Tom und Huck mit dem Zirkus reisten, wurde Toms Einfluss immer größer. Er hatte nicht nur ein Händchen für Organisation und Geschäft, sondern auch für Menschenführung, was ihn bei der Truppe sehr beliebt machte. Als der alte Direktor in den wohlverdienten Ruhestand ging, war es keine Überraschung, dass Tom zu seinem Nachfolger gewählt wurde. Mit der offiziellen Ernennung zum Zirkusdirektor hatte Tom nun die volle Verantwortung und die Befugnis, wichtige Entscheidungen zu treffen.

Sie reisten durch das ganze Land und feierten unzählige Triumphe, doch irgendwann bemerkte Tom eine Veränderung an Paul. Es war nicht nur die Art, wie er sich bewegte und sprach, sondern auch sein Verhalten außerhalb der Bühne. Immer mehr Leute kamen nach den Shows zu ihm, um seinen Segen zu erhalten. Und Paul, anstatt sie zu korrigieren, spielte weiter seine Jesus-Rolle.

Eines Tages, nach einem besonders emotionalen Auftritt, beobachtete Tom, wie eine alte Frau auf «Jesus» zukam, ihre Hand ausstreckte und flüsterte: «Heile mich.» Zu Toms Entsetzen legte Paul seine Hand auf sie und sprach Worte, die er in der Show nie gesagt hatte: «Sei geheilt im Namen des Vaters, des Heiligen und des Allmächtigen.»

Tom trat vor, seine Augen blitzten vor Wut. «Was glaubst du, was du da tust?», zischte er.

Paul sah ihn ruhig an. «Ich gebe den Menschen, was sie wollen, Tom. Hoffnung.»

«So war das nicht abgemacht! Du bist ein Schauspieler, kein Messias!», entgegnete Tom scharf.

Paul lächelte nur. «Vielleicht haben die Leute entschieden, dass ich mehr bin. Vielleicht sehen sie etwas, das du nicht siehst.»

Tom schüttelte den Kopf. «Du spielst mit dem Vertrauen der Menschen. Das ist gefährlich.»

«Oder vielleicht habe ich endlich meine wahre Bestimmung gefunden», antwortete Paul mit einem selbstgefälligen Lächeln.

Tom spürte, wie die Kluft zwischen ihnen immer größer wurde. Er wusste, dass er handeln musste, bevor die Dinge völlig außer Kontrolle gerieten. Zumal «Jesus Christus», wie Paul sich jetzt nannte, immer unverschämtere Gagenforderungen stellte.

Also zog Tom einen Schlussstrich und entließ Paul. Für die letzte Vorstellung hatte er sich eine dramatische Kreuzigungsszene ausgedacht, in der ein Ersatz-Jesus auf der Bühne sein Ende fand.

Der Erfolg war überwältigend. Die Geschichte von der Geburt im Zirkus und der dramatischen Kreuzigung des Messias verbreitete sich wie ein Lauffeuer. Aus allen Ecken des Landes strömten die Menschen herbei. Jede Vorstellung war ausverkauft, die Einnahmen übertrafen alle Erwartungen.

Mit dem hart verdienten Geld und ihrem untrüglichen Geschäftssinn investierten Tom und Huck in vielversprechende Unternehmungen. Doch als sie ihre Geschäfte weiter ausbauen wollten, stießen sie auf ein unerwartetes Hindernis. Angesichts ihrer Vergangenheit und ihres jugendlichen Alters gaben die Banken ihnen kein Geld. So kam ihnen eine geniale Idee: Sie würden die Firma auf einen Strohmann anmelden, einen Namen, so gewöhnlich, dass niemand seine Glaubwürdigkeit in Frage stellen würde. Zufällig hatten sie von einem reisenden Schausteller gehört, der für seine faszinierenden Laterna-Magica-Shows bekannt war, einem gewissen Walter Elias Disney. Er ließ sich auf das Geschäft ein und unterzeichnete fortan alles mit seinem Namen.

Sie erwarben Grundstücke und Immobilien, deren Wert stetig stieg. Ihre neu gegründete Produktionsfirma brachte eine Show nach der anderen, ein Theaterstück nach dem anderen heraus, und jeder Erfolg übertraf den vorherigen. Bald gehörten sie zu den angesehensten Persönlichkeiten der Stadt. Ihr stetig wachsender Reichtum ermöglichte es ihnen schließlich, das prächtige Anwesen zu erwerben, das sie schon als Kinder bewundert hatten – ein architektonisches Meisterwerk mit majestätischen Säulen und weitläufigen Gärten, die sich bis zum Ufer des Mississippi erstreckten.

Mit der Zeit änderten sich ihre Lebensumstände, nicht aber sie selbst. Trotz all des Luxus' und der Pracht, die sie umgaben, fanden die beiden Freunde ihr tiefstes Glück in den einfachen Dingen des Lebens.

Noch als alte Männer mit grauen Haaren und von der Zeit gezeichneten Gesichtern saßen sie oft Hand in Hand auf dem alten, knarrenden Steg und ließen die Füße im kühlen Wasser baumeln. Dort, wo das sanfte Murmeln des Mississippi ihre Seelen streichelte und der Duft wilder Blumen in der Luft tanzte, schien es ihnen, als wären die Abenteuer ihrer Jugend erst gestern gewesen.

Mark Twain (1835–1910), eigentlich Samuel Langhorne Clemens, war ein amerikanischer Schriftsteller und Humorist. Er ist vor allem für seine Abenteuerromane «Die Aben-

teuer des Tom Sawyer» und «Die Abenteuer des Huckleberry Finn» bekannt. Twains scharfsinniger Humor und
seine Fähigkeit, die amerikanische Gesellschaft kritisch zu
beleuchten, machten ihn zu einem der bekanntesten und
meistgelesenen Autoren der amerikanischen Literatur.

Ernst Jandl: Josefs Job

josefs job stockt
josef: los, josef, los!
josef joggt
josef: job, job!
josef holt stroh
josef stopft stoff
josef horcht
josef: krippe, krippe!
josef hofft
josef klopft
josef formt
josef bohrt
josef jodelt
josef: ogottogott

Ernst Jandl (1925–2000) war ein österreichischer Dichter und Schriftsteller, der vor allem für seine experimentelle und oft spielerische Lyrik bekannt ist. Seine Gedichte brechen häufig mit traditionellen Formen und spielen auf innovative Weise mit der Sprache. Jandl experimentierte mit Lauten, Wörtern und Bedeutungen und schuf dabei einzigartige Werke. Seine bekanntesten Gedichte wie «lichtung» oder «ottos mops» zeichnen sich durch Wortspiele und ungewöhnliche Strukturen aus.

Paulo Coelho: Die Weisen

Alle sagten:
«Das geht nicht!»
Dann kam einer,
der wusste das nicht
und hat es einfach gemacht.
Und siehe da, es ging nicht.

TSE-TANG, DER ÄLTERE

1

In der Nacht, als ein Stern von ungewöhnlicher Leuchtkraft den Himmel durchschnitt, entfaltete sich ein außergewöhnliches Schauspiel. Dieser einsame Stern, der sein geheimnisvolles Licht über die Welt ergoss, wurde zum Ruf, der neun Weise aus den verstreuten Winkeln der Erde zusammenführte.

Aus den Tiefen des Gesternlandes, wo die Geschichte in den Steinen verewigt ist und die Echos längst vergangener Zeiten widerhallen, kamen drei Weise. Ihre Worte waren erfüllt vom Wissen des Altertums, und in den Sternen lasen sie die Ankündigung der Wiedergeburt einer vergessenen Macht.

Aus dem Heuteland, einem Reich, in dem der Lärm und das Getöse des modernen Lebens herrschen, kamen drei weitere Weise. In Gewänder des Hier und Jetzt gehüllt, bedienten sie sich einer unverblümten Gegenwartssprache und deuteten den Stern als Einladung, den flüchtigen Augenblick zu ergreifen.

Die letzten drei Weisen kamen aus dem Morgenland, dem Land

des ersten Lichts und der unbegrenzten Möglichkeiten. Träumer, die in den Vorstellungen des Kommenden dachten. Für sie war der Stern ein Bote, der die Aussicht auf einen Neuanfang verkündete.

Beim Anblick des Sterns sprachen die Weisen des Gesternlandes von Vorbestimmung, die des Heutelandes von der Einladung zum Handeln und die des Morgenlandes von Verheißung. Die Weisen aus dem Gesternland verweilten im Schatten der Geschichte, die aus dem Heuteland standen fest in der Gegenwart, aber nur die Seher aus dem Morgenland wagten den Schritt in die Ungewissheit der Zukunft. Ihre Namen waren Caspar, Melchior und Balthasar.

2

Nach einer langen Wanderung erreichten die Weisen aus dem Morgenland die Schwelle einer endlosen Wüste.

«In der Leere entdecken wir die Fülle, in der Stille das Leere und in der gefüllten Stille die leere Fülle», sinnierte Caspar, während sein Blick über die Wellen des Sandmeeres glitt. Melchior ergänzte: «Der Anfang vom Ende ist oft das Ende des Anfangs, und jede Reise beginnt mit dem ersten und endet mit dem letzten Schritt.» Und Balthasar fügte an: «Der Weg ist das Ziel, das Ziel der Weg, und manchmal ist auch das Ziel weg, oder das Ziel ist im Weg.»

Nachts, als sich der Sternenhimmel über die ruhige Wüste spannte, tauschten sie Gedanken aus, die das Leben in all seiner Bedeutsamkeit und Tiefe ausloteten.

«Alle Leben», begann Caspar, «sind wie die Sterne am Himmel – einzeln leuchten sie, aber nur zusammen erzählen sie die Geschichte des Universums. Und doch», fuhr er mit einem nachdenklichen Blick fort, «ist es die Dunkelheit zwischen ihnen, die uns die Tiefe des Universums offenbart.»

Melchior ergänzte: «So wie die Stille zwischen den Worten die Bedeutung eines Gedichts trägt, so ist es das Unausgesprochene zwischen den Geschichten, das den wahren Stoff unserer Existenz webt.»

Und Balthasar fügte an: «Eine Geschichte, die unerzählt bleibt, gleicht einem Stern, der hinter den Wolken verborgen ist – immer präsent, doch nur in der Klarheit der tiefsten Nacht sichtbar.»

Sie ahnten, dass die größte Erkenntnis nicht in den Antworten auf die Fragen liegt, sondern in den Fragen selbst, die uns das Leben stellt.

3

Nachdem sie die Wüste durchquert hatten, trafen sie auf einen Wanderer, der im Schneidersitz auf einer Düne saß und rastete. «Der Pfad, den ihr beschreitet, ist nicht bloß eine Folge von Fußabdrücken im Sand der Zeit», flüsterte er ihnen zu. «Es ist ein heiliger Tanz mit dem Unbekannten, ein stilles Zwiegespräch mit den flüsternden Winden der Ewigkeit.»

Die Weisen nickten, denn sie erkannten, dass jeder Takt dieses Tanzes sie ihrer wahren Bestimmung näher brachte.

Ihre Reise setzte sich fort, sie ließen die Wüste hinter sich, und bald führte sie ihr Weg in einen verborgenen Garten, wo ein alter Gärtner mit sorgsamen Gesten Samen in den Schoß der Erde bettete. «Im Verborgenen entfaltet sich das Leben, im Schweigen vollzieht sich die Verwandlung, und gleich den Samen, die ich pflanze, sind auch eure Hoffnungen – still im Werden, doch gewaltig in ihrer Entfaltung.»

Die Weisen nickten, denn sie erkannten, dass große Wahrheiten stets im Verborgenen keimen.

Kurze Zeit später begegneten sie unter der imposanten Krone eines Baumes einem Poeten, dessen Verse scheinbar schwerelos in der Luft tanzten. «Jedes Herz trägt eine unerzählte Geschichte, jedes Ich ein ungeschriebenes Gedicht», sagte er. «Doch in der endlosen Bibliothek des Seins werden die meisten Seiten von der Hand des Schicksals beschrieben, und die Tinte ist oft nur der Dunst unserer eigenen Illusionen.»

Die Weisen nickten, denn sie erkannten, dass jede Reise einem Buch gleicht, das sich in der Unendlichkeit seiner Seiten verliert.

Als die Nacht hereinbrach und der Stern am Firmament zu leuchten begann, breiteten die Weisen ihre Decken aus und richteten den Blick gen Himmel. Sie waren erfüllt von der Gewissheit, dass ihre Suche sie bereits verwandelt hatte und dass die wirklich großen Entdeckungen oft im Unentdeckten liegen.

4

Am nächsten Tag erreichten sie eine Siedlung, wo sie auf Hirten trafen, die sich um ein wärmendes Feuer scharten. Als die Dunkelheit hereinbrach und Geschichten und Lieder die Nacht erfüllten, teilten die Weisen ihre Vision vom Stern und der Suche nach dem Kind. Die Hirten, deren Gesichter im sanften Schein des Feuers nachdenklich wirkten, lauschten und nickten verständnisvoll.

«Euer Weg», begann ein älterer Hirte mit ruhiger Stimme, «ist wie ein Fluss, der durch das Land fließt. Er mag sich winden und drehen, über Felsen stürzen oder in stillen Becken verweilen, doch er fließt stets vorwärts. Und wie der Fluss das Land formt, so formt auch eure Reise euch. Doch seid vorbereitet, dass selbst der mächtigste Strom ins Meer mündet, wo seine Wellen sich verlieren und Teil eines größeren Ganzen werden.»

Die Weisen nickten, denn sie sahen, dass ihr Lebensweg einem Fluss gleicht, der in Kurven das Schicksal malt.

Mit dem ersten Licht des Morgens führten die Hirten die Weisen auf einen Hügel, um ihnen den besten Weg zum Stern zu zeigen. «Jeder Schritt ist ein Akt des Glaubens», sagten sie, während sie den Pfad emporstiegen. «Das Ergebnis zu sehen ist nicht nötig, um Vertrauen in unsere Schritte zu haben. Doch seid gewarnt, dass der Glaube auch jene trägt, die blindlings in die Irre laufen, und dass manchmal das, was wir am meisten suchen, genau das ist, was wir niemals finden sollten.»

Die Weisen nickten, denn sie erkannten, dass jeder Schritt, den sie taten, einem Sprung in ein Meer von Nebeln glich.

Oben auf dem Hügel angekommen, zeigten die Hirten den Weisen den Weg. «Ihr werdet finden, was ihr sucht», sagten sie, «denn die reinste Liebe ist die, die empfängt, ohne zu fordern.» Als die Weisen den Weg betrachteten, der sich vor ihnen erstreckte, flüsterte ein Hirte: «Doch seid gewarnt, dass die reinste Liebe manchmal die ist, die sich selbst genügt, die gibt, ohne zu wissen, ob sie jemals empfangen wird.»

Die Weisen nickten, denn sie erkannten, dass die reinste Liebe einem stummen Theaterstück gleicht, in dem Geben und Empfangen ohne Drehbuch oder Regisseur stattfinden.

5

Am fünften Tag ihrer Reise, als der Stern am hellsten leuchtete, kamen die Weisen in einem bescheidenen Dorf an, wo sie auf eine junge Familie trafen. Maria, Josef und das Kind, das in einer einfachen Krippe lag, waren von einer Aura der Stille, des Friedens und der Liebe umgeben.

Die Weisen knieten nieder, überwältigt von der Einfachheit des Moments, der die Größe ihrer Reise überstrahlte. «Wir haben nach Weisheit gesucht», sagte Kaspar, «und Liebe gefunden. Vielleicht ist die wahre Weisheit, zu erkennen, dass es keine Weisheit gibt.»

Balthasar runzelte die Stirn und schüttelte den Kopf. «Aber wenn es keine Weisheit gibt, wie können wir dann weise sein in unserer Weisheit, dass es keine gibt?», murmelte er. «Das klingt so, als würde man sagen, die größte Weisheit sei zu wissen, dass wir nicht weise sind – und doch, wenn wir wirklich nicht weise wären, wären wir nicht weise, oder?»

Erschöpft setzten sich die drei Weisen an einen Tisch und holten eine Flasche Wein und drei Gläser hervor, die sie aus dem Dorf mitgebracht hatten.

Melchior lächelte sanft vor sich hin. «Weise auf einer leisen Reise.»

Mit jedem Schluck schienen ihre Gedanken freier zu fließen und die Stimmung ausgelassener.

Balthasar sagte, während er sich einen weiteren Schluck gönnte: «Drei Weise reisten weise auf ihrer Reise», und Caspar setzte fort: «... und auf diese weise Weise beweisten die greisen Greise die Weisheit dieser Reise.»

Melchior, dessen Augen nun leicht glänzten, fragte zurück: «Die Reise war in weiser Weise eine weise Reise greiser Greise?»

Balthasar kicherte: «Ja, denn weise Weise reisten auf weise Weise auf einer weisen Reise zu geringem Preise, auf leisem Gleise durch eine Schneise.»

«Und nicht vergessen», fügte Caspar hinzu, «auf dieser weisen Reise, die Greise zu preisen, die auf weise Weise die niedrigen Preise der Reise preisen.»

«Greise Weise, die weise Greise preisen, die auf weise Weise auf Reisen reisen und deren Gedanken sich nur in Kreisen kreisen, haben 'ne Meise», kicherte nun Melchior.

«Leise Meisen, die auf Reisen kreisen, können keine Greise preisen, die auf ihre Weise die leisen Preise ihrer Reise preisen», prustete Balthasar und verschluckte sich fast beim Lachen.

Da trat Maria aus dem Hintergrund hervor und stellte ihnen einen Teller mit belegten Broten hin. «Statt auf nüchternen Magen zu trinken, sollten greise Greise auf ihren Reisen lieber Speisen speisen.»

Paulo Coelho (*1947) ist ein brasilianischer Schriftsteller und Dichter, der es zu Weltruhm gebracht hat. Seine Geschichten handeln oft von der Suche nach dem Sinn des Lebens, von Spiritualität und der Verwirklichung von Träumen. International bekannt wurde er mit seinem metaphorischen Roman «Der Alchimist», der in 81 Sprachen übersetzt und mehr als 85 Millionen Mal verkauft wurde. Er gilt als der Schriftsteller mit der größten Fangemeinde in den sozialen Netzwerken.

Simone de Beauvoir: Jesa – Die Erlöserin des anderen Geschlechts

Kapitel 1: Die existenzielle Suche in einer Welt des Anderen

In den 1940er-Jahren war Paris ein Brennpunkt des kulturellen und intellektuellen Aufbruchs. Marie, eine aufstrebende Malerin, deren Werke die Grenzen der traditionellen Kunst herausforderten, befand sich plötzlich in einer prekären Lage. Als ihr Vermieter von ihrer Schwangerschaft erfuhr, wurde sie aus ihrer Wohnung geworfen. In einer Gesellschaft, die Frauen in vorgefertigte Rollen drängte, war ihre uneheliche Schwangerschaft ein Tabubruch. Verloren und verletzt suchte sie Zuflucht bei Jean, einem engen Freund und Intellektuellen, der ihre Leidenschaft für Kunst und Philosophie teilte.

Gemeinsam durchstreiften sie die schattigen Gassen von Montparnasse, einem Viertel, das für seine künstlerische Vitalität bekannt war, aber auch die patriarchalischen Strukturen der Gesellschaft widerspiegelte. Während Männer die Kunstgalerien und literarischen Zirkel dominierten, wurden talentierte Frauen wie Marie oft auf die Rolle der Muse oder Assistentin reduziert.

Ständig konfrontiert mit den Erwartungen, die die Gesellschaft an Frauen stellte, seufzte Marie tief. «Jean», sagte sie leise, «ich habe das Gefühl, dass das Kind in mir, egal ob Junge oder Mädchen, die konstruierten Grenzen der Gesellschaft herausfordern wird.»

Jean zog nachdenklich an seiner Zigarette und warf mit ernster Miene ein: «Ja, Marie, aber bedenke, dass diese Herausforderung selbst eine Manifestation der existenziellen Konflikte ist, in denen unsere Gesellschaft gefangen ist. Ein ungeborenes Kind, ein unbeschriebenes Blatt, bereit, die Tinte unserer kollektiven Projektionen aufzusaugen.»

Auf der Suche nach einer neuen Unterkunft für Marie entdeckten sie ein verstecktes Atelier in einer engen Gasse, ein stummes Zeugnis vergangener Künstlerträume. «Mitten in dieser Stadt, die sich ständig verändert, gibt es immer noch Orte, die von der Zeit vergessen wurden», murmelte Jean. «Es sind diese Orte, an denen die Zeitlosigkeit unserer eigenen Existenz widerhallt.»

Bei ihrer Ankunft empfing sie eine wohltuende Wärme. Dies sollte der Ort sein, an dem, wie Marie sich ausdrückte, «das eine oder andere Geschlecht» zur Welt kommen würde.

Kapitel 2: Im Zwielicht der Freiheit und Determination

Marie spürte die ersten Wehen und suchte Trost bei Jean. Er beruhigte sie: «Das Leben ist eine Abfolge von Entscheidungen, Marie. Es ist ein ewiges Kontinuum der Wahl und der Selbstmanifestation, ein endloser Fluss des Seins und des Werdens, den dieses Kind in seiner reinsten Form verkörpern wird.»

Mit schmerzverzerrtem Gesicht antwortete Marie: «Das Kind wird in einer Welt aufwachsen, die ständig versucht, es in eine vorgefertigte Form zu pressen. Ich hoffe, es wird die Kraft haben, sich dagegen zu wehren und sein Leben selbst zu gestalten.»

Jean nickte, während er nachdenklich die Stirn runzelte, und erwiderte: «Natürlich, Marie, aber wenn wir das Ganze aus der Perspektive der existenziellen Dialektik betrachten, entpuppt sich diese vermeintliche Kraft als eine Form der Transzendenz, die über die bloße Negation der herrschenden Strukturen hinausgeht. Das Kind wird sich nicht nur in Opposition zu diesen Strukturen behaupten, es wird vielmehr die inhärenten Widersprüche der gesellschaftlichen Paradigmen aufdecken und damit den Weg für eine neue Form der Selbstverwirklichung ebnen und außerdem ...»

In diesem Moment durchbrach ein kraftvoller Schrei Maries den Redefluss Jeans. Jean hielt kurz inne, sichtlich zufrieden mit sich selbst, nickte bedächtig und sagte: «Ah, ich höre, meine Worte haben dich zu einer tiefen emotionalen Einsicht geführt, Marie.»

Doch der Schrei war nur der Anfang einer Abfolge von Schreien und Klagen, an deren Ende ein Mädchen stand, das sie Jesa nannten.

Kapitel 3: Der Besuch der Frauen

In den Tagen nach Jesas Geburt wurde das Atelier zum Anziehungspunkt für Menschen aus ganz Paris.

Drei Frauen stachen aus der Menge heraus, jede von ihnen bekannt für ihren Mut und ihre Entschlossenheit in einer von Männern dominierten Welt: eine Malerin, die nicht nur die Kunst, sondern auch die gesellschaftlichen Normen herausforderte; eine Wissenschaftlerin, die trotz vieler Widerstände die Grenzen des Wissens erweiterte, und eine Schriftstellerin, deren Worte die Seelen berührten und die Ungerechtigkeiten anprangerten, denen Frauen ausgesetzt waren.

«Es ist, als hätte uns das Schicksal zu diesem Kind geführt», sagte die Malerin mit feurigem Blick.

«In einer Welt, die Frauen unterdrückt, gibt es Momente, in denen ein Individuum den Lauf der Geschichte verändern kann», fügte die Wissenschaftlerin mit einem analytischen Funkeln in den Augen hinzu.

Mit einem sanften Lächeln ergänzte die Schriftstellerin: «In Jesas Augen sehe ich nicht nur die Unschuld, sondern auch die Hoffnungen und Kämpfe zukünftiger Generationen. Sie wird die Stimme derer sein, die keine Stimme haben.»

Jean, der das Gespräch aufmerksam verfolgte, wandte ein: «Das mag sein, aber ist zu kurz gegriffen. Jesa ist vor allem ein lebendiges Symbol der Dialektik des Seins, ein Funke im dunklen Universum der vorgefertigten Identitäten. Ihre Existenz wird zu einem Akt des Widerstands gegen die Fesseln der Tradition.»

Die Frauen tauschten einen kurzen, bedeutungsvollen Blick und lächelten nachsichtig: «Wie interessant, Jean», sagte die Malerin, ihre Stimme sanft und bedacht, als ob sie jedes Wort sorgfältig abwäge, «deine Perspektiven sind stets … bereichernd.»

Unbeeindruckt fuhr Jean fort: «Wir müssen der Tatsache ins Auge sehen, dass jede Rebellion gegen bestehende Strukturen unweigerlich ihre eigenen Strukturen schafft. Jesa wird sich nicht nur gegen die Realitäten der Welt behaupten müssen, sondern auch gegen die unvermeidlichen Widersprüche ihres eigenen revolutionären Geistes.»

Kapitel 4: Das Erwachen des Bewusstseins

Die Tage nach der Geburt Jesa waren geprägt von Besinnung und Erkenntnis. Jean, oft in Gedanken versunken, sprach über das Spannungsverhältnis von Freiheit und Verantwortung, während Maria über die Herausforderungen nachdachte, denen ihre Tochter in der Gesellschaft begegnen würde.

Als sie eines Abends beide auf das schlafende Kind blickten, sagte Jean: «Jesa wird die Welt immer wieder in Frage stellen und neu definieren. Und mit jeder Infragestellung wird sie nicht nur die Antworten der Welt verändern, sondern auch die Fragen selbst.»

Marie fügte hinzu: «Genau, mit jeder Frage, die sie stellt, wird sie die Grenzen dessen verschieben, was wir für wahr halten.»

«So einfach ist das nicht», widersprach Jean. «Was Jesa tun wird, ist vielmehr ein subversives Untergraben etablierter Wahrheitskonstruktionen, ein ständiges Neuverhandeln der Grenzen unseres Wissens, angetrieben von der unermüdlichen Kraft ihrer Fragen.»

Marie murmelte leise vor sich hin: «Das habe ich doch gemeint.»

Jean seufzte: «Marie, du musst verstehen, dass die Feinheiten dieser Konzepte nicht in einfache Worte gefasst werden können. Es ist die Kunst, das Unsagbare in Worte zu fassen, die das Wesen der Philosophie ausmacht.»

Das Atelier wurde derweil zum Treffpunkt von Intellektuellen und verwandelte sich in ein pulsierendes Zentrum des Denkens und Diskutierens.

Jean, der oft im Mittelpunkt der Debatten stand, verkündete: «Wir sind zur Freiheit verdammt! Es gibt kein vorgegebenes Wesen des Menschen. Wir müssen unsere eigene Existenz durch unsere Taten definieren!»

Fast flüsternd fügte Marie hinzu: «Diese Freiheit muss auch für Frauen gelten, die sich von den Fesseln der gesellschaftlichen Erwartungen befreien müssen.»

Nun ergriff Jean wieder das Wort: «Ja, Marie, aber viel wichtiger ist es zu verstehen, dass Freiheit eine Bürde ist. Eine Bürde, die uns zwingt, unsere Identität ständig neu zu erfinden und in Frage zu stellen. Für Frauen ist dieser Prozess komplexer, als er sich im Spannungsfeld gesellschaftlicher Dualität vollzieht. Das wahre Wesen der Freiheit entfaltet sich erst dann, wenn wir diese Dualität als bloße Konstruktionen erkennen und überwinden.»

Inmitten dieser Ideenflut wuchs Jesa auf, immer wissbegierig, immer bereit, die Welt um sich herum in Frage zu stellen. Doch die Welt da draußen war alles andere als befreiend. Frauen hatten gerade das Wahlrecht erhalten, doch ihre gesellschaftlichen und beruflichen Möglichkeiten waren stark eingeschränkt. Viele fanden sich in traditionellen Rollen wieder, gefangen zwischen dem Wunsch nach Selbstverwirklichung und den Erwartungen der Gesellschaft.

Marie, die diese Herausforderungen am eigenen Leib erfahren hatte, war entschlossen, ihrer Tochter Jesa eine andere Zukunft zu ermöglichen. Eine Zukunft, in der sie nicht nur als Frau, sondern als Individuum gesehen und respektiert werden würde.

Kapitel 5: Das Neue Phänomen und die Dekonstruktion des Anderen

Obwohl Jesa in ihrer Kindheit mit den tiefgründigen Lehren ihrer Eltern konfrontiert wurde, zeigte sie schon früh eine beeindruckende Reife. Mit ihren wachen und fragenden Augen blickte sie von einem Elternteil zum anderen, und es war offensichtlich, dass sie bereits in jungen Jahren die Komplexität und Tiefe dieser Lehren zu erfassen begann.

Die Jahre vergingen, und Jesa wuchs zu einer selbstbewussten jungen Frau heran, die die konstruierten Grenzen der Gesellschaft immer wieder in Frage stellte. In kurzer Zeit wurde sie zu einem leuchtenden Beispiel dafür, wie frau, patriarchale Strukturen dekonstruieren und neu gestalten kann. Ihre Präsenz und ihr

Charisma machten sie zum Vorbild für eine ganze Generation von Frauen, die in ihr die Vision einer Welt sahen, in der das «Andere» nicht marginalisiert, sondern gefeiert wird.

Kapitel 6: Das Verschwinden von Montparnasse

Jesas Einfluss in den Pariser Salons wuchs stetig und mit ihm der Neid und die Angst einiger mächtiger Figuren der Kunst- und Intellektuellenwelt. Sie sahen in ihr und ihrer Botschaft eine Bedrohung des Status quo. Eine Gruppe von Kritikern, Kuratoren und einflussreichen Künstlern startete eine subtile, aber zerstörerische Kampagne gegen sie. Sie wurde aus den Salons verbannt, ihre Ansichten wurden öffentlich kritisiert und verunglimpft.

Doch das dunkelste Kapitel in Jesas Leben sollte erst noch beginnen. Eines Abends, nach einer hitzigen Debatte in einem der Salons, verschwand Jesa spurlos. Niemand wusste, was passiert war, aber Gerüchte machten die Runde, sie sei von ihren Gegnern entführt worden.

Marie, Jean und eine Gruppe treuer Freunde begannen eine verzweifelte Suche. Sie durchkämmten die Gassen von Montparnasse und suchten in jedem möglichen Versteck nach ihr. Schließlich fanden sie Hinweise, die sie zu einem verlassenen Gebäude führten. Doch als sie die Türen aufbrachen, fanden sie nur einen leeren, von Kerzen erleuchteten Raum vor. An der Wand das Venussymbol, bestehend aus einem Kreis und einem Kreuz, in das jemand eine erhobene Faust gemalt hatte. Es war ein Symbol, das Jesa oft in ihren Reden und Schriften verwendet hatte, ein Zeichen des Widerstands und der Emanzipation.

«Dieser stille, aber kraftvolle Hinweis lässt keinen Zweifel daran, dass Jesa trotz ihrer physischen Abwesenheit weiterhin einen unauslöschlichen Einfluss ausübt. Es ist, als würde sie selbst durch dieses Symbol sprechen, ein letzter Akt des Trotzes gegen die patriarchalischen Kräfte, die sie zum Schweigen bringen wollten. Es ist ein Aufruf an alle Frauen, gegen die unterdrückenden Strukturen aufzubegehren und das Wort zu ergreifen, auch, wenn Männer dies nicht zulassen wollen. Verstehst du, Marie?»

Bevor Marie antworten konnte, sprang Jean auf, sichtlich inspiriert von seiner eigenen Rede. «Das ist es! Wir müssen den Frauen besser zuhören. Das werde ich jetzt tun. Ich werde gehen und diese Botschaft verbreiten.» Ohne ein weiteres Wort verließ er eilig den Raum, um seine neu gefundene Erkenntnis überall zu teilen.

Simone de Beauvoir (1908–1986) war eine französische Schriftstellerin, Philosophin und Feministin. Sie ist vor allem für ihr wegweisendes Werk «Das andere Geschlecht» bekannt, in dem sie die Unterdrückung der Frau in der Gesellschaft analysiert und kritisiert. Neben ihrer Rolle als Pionierin des Feminismus war de Beauvoir auch eine Schlüsselfigur des Existenzialismus und hatte eine langjährige Beziehung mit dem Philosophen Jean-Paul Sartre.

Kurt Tucholsky: Ratschläge für schlechtes Vergeben

Weihnachten, das Fest der Liebe, der Familie und – ja, ja – der Vergebung. Während die Straßen im Glanz der Lichter erstrahlen und der Duft von Zimtsternen die Nase kitzelt, fühlen sich die Menschen berufen, das Jahr mit einem sauberen Gewissen abzuschließen. Aber wie verzeiht man so, dass es aussieht, als wäre alles vergessen, während man insgeheim nach Rache sinnt?

Bevor man sich in die Tiefen des Verzeihens begibt, sollte man sich immer daran erinnern, dass es eine Kunst ist. Eine Kampfkunst. Und wie bei jeder Kunst gibt es auch hier Wege, sie gut oder schlecht auszuführen.

Beginnen Sie niemals mit einem einfachen «Ich verzeihe dir» oder «Schwamm drüber». Das wäre viel zu einfach. Stattdessen sollte man immer mit einer kleinen Vorgeschichte beginnen, etwa so: «Weißt du, als ich jung war, hat mir mein Großvater immer gesagt, dass Verzeihen eine Tugend ist, aber …». Das zieht die Spannung in die Länge und lässt den anderen zappeln. Und zappeln lassen, das ist die wahre Kunst!

Wenn Sie dann bereit sind, das Wort «Ich verzeihe dir» auszusprechen, tun Sie es mit einem Seufzer und rollenden Augen. Es ist wichtig, dass die Person weiß, dass Sie ihr einen großen Gefallen tun. Und dass Sie derjenige sind, der Anerkennung verdient.

Verwenden Sie Phrasen wie «Ich werde versuchen, darüber hinwegzukommen» oder «Ich werde mein Bestes tun, dir zu vergeben». Das lässt Raum für zukünftige Vorwürfe und erinnert die Person immer wieder daran, was sie getan hat. Und sollte sie es vergessen, sind Sie da, um sie daran zu erinnern.

Nutzen Sie es aus, dass Sie in der stärkeren Position sind, und stellen Sie Bedingungen. «Ich werde dir verzeihen, wenn du ...» – das gibt Ihnen die Kontrolle und lässt die andere Person wissen, dass sie in Ihrer Schuld steht. Und in der Schuld zu stehen, das ist eine Position, die man nicht unterschätzen sollte.

Aber, und das ist der Clou, während Sie nach außen hin das Bild des großzügigen Vergebers zeichnen, hegen Sie insgeheim immer einen Plan B. Denn wahres Verzeihen bedeutet nicht, dass man vergisst. Und wer weiß, vielleicht bietet sich ja nächstes Jahr die perfekte Gelegenheit für eine kleine, süße Rache? Und wenn nicht nächstes Jahr, dann übernächstes. Die Zeit ist auf Ihrer Seite.

Und sollten Sie sich entscheiden zu verzeihen, dann lassen Sie Ihr Gegenüber warten. Ein wenig Zappeln hat noch niemandem geschadet. Und während Sie warten, genießen Sie die Macht, die Sie in diesem Moment haben. Lassen Sie die Person ein wenig leiden, bevor Sie Ihre Entscheidung treffen. Tun Sie es nicht direkt. Lassen Sie die Person ein wenig in der Schwebe. Vielleicht könnte sie etwas für Sie tun, um Reue zu zeigen? Ein kleines Geschenk, eine Geste, etwas, das zeigt, dass sie es wirklich ernst meint.

Und wenn all dies nicht lohnt, lassen Sie die Person wissen, dass Sie über Ihre Bitte nachgedacht haben, aber dass es derzeit einfach nicht möglich ist. Und vielleicht, nur vielleicht, werden Sie nächste Weihnacht noch mal darüber nachdenken.

Denn, wie mein Großvater immer sagte: Verzeihen ist eine Kunst, aber nicht jeder muss ein Künstler sein.

Kurt Tucholsky (1890–1935) war ein deutscher Journalist, Satiriker und Schriftsteller. Er zählt zu den bedeutendsten Publizisten der Weimarer Republik und war bekannt für seine scharfe Kritik an Politik, Gesellschaft und Kultur seiner Zeit. Mit bissigem Witz und klarer Sprache nahm er kein Blatt vor den Mund und prangerte Missstände, Intoleranz und Nationalismus an.

Hugo Ball: Bethlifanto

bethlifanto bambla ô krippa bambla
jesuliga m'pfa mariala horem
ósira angelo
higo palmla goldika huju
lujahalle lujahallo
englo glock
klango kling klango kling
ossa retta
ü üü ü
schampa wulla firmo ólobo
hej lösa born
eschige friedo
wulubu ssubudu esello ssubudu
baby ba-umf
kusa hoffata
königli folglo, hirti singzo
ba – umf

Hugo Ball (1886–1927) war ein deutscher Dichter, Schriftsteller und Mitbegründer der Dada-Bewegung. Er ist vor
allem für seine avantgardistischen Texte und seine Experimentierfreude bekannt.
Ball schuf «Lautgedichte», die sich auf Klang und Rhythmus
konzentrierten und oft keine klare Bedeutung oder Struk-

tur hatten. Sein bekanntestes Lautgedicht «Karawane» ist ein Beispiel für seinen freien Umgang mit Sprache. Daneben verfasste Ball auch theoretische Texte, Romane und Gedichte.

Liane Schneider: Conni und das Jesuskind

Conni sitzt auf dem Rücksitz des Autos und schaut aus dem Fenster. Sie ist ganz aufgeregt. Sie fährt mit Mama nach Nazareth! Conni hat noch nie etwas von Nazareth gehört, aber Mama hat gesagt, dass es dort ein ganz besonderes Baby gibt: Jesus.

«Mama, wann sind wir endlich da?», fragt Conni zum zehnten Mal.

«Bald, mein Schatz», antwortet Mama geduldig. «Wir müssen nur noch durch die Wüste fahren.»

Conni findet die Wüste langweilig. Es gibt nur Sand und Steine und sonst nichts zu sehen.

Endlich, nach einer langen Fahrt, kommen sie in Nazareth an. Conni ist enttäuscht.

Es ist nur ein kleines Dorf mit ein paar einfachen Häusern.

«Wo ist denn das Jesuskind?», fragt Conni.

«Es ist im Stall», sagt Mama. «Dort werden wir es gleich besuchen.»

Conni und Mama gehen zum Stall. Es ist ein einfacher Unterstand für die Tiere. In einer Ecke liegt ein Baby in einer Krippe.

«Das ist Jesus», sagt Mama.

Conni beugt sich über die Krippe und schaut das Baby an. Es ist so klein und zerbrechlich. So ein schönes Baby hat Conni noch nie gesehen.

«Hallo, Jesus», sagt Conni. «Ich bin Conni.»

Jesus lächelt Conni an. Conni spürt, dass Jesus etwas ganz Besonderes ist. «Schön, dich kennenzulernen», sagt Conni.

Plötzlich ertönt von draußen ein Geräusch. Conni und Mama

drehen sich um und sehen drei Männer in bunten Gewändern. Mit ihrer Kleidung sehen sie ein bisschen aus wie die Leute im Karneval. In den Händen halten sie Geschenke.

«Wer sind die denn?», flüstert Conni.

«Das sind die Weisen aus dem Morgenland», erklärt Mama. «Sie sind gekommen, um Jesus zu ehren.»

Die Männer knien vor der Krippe nieder und legen ihre Geschenke vor Jesus hin.

Conni schaut mit großen Augen zu. So etwas hat sie noch nie gesehen. «Mama, darf ich Jesus auch etwas schenken?», fragt sie.

Mama ist gerührt. «Das ist eine gute Idee», sagt sie. «Jesus wird sich bestimmt freuen.»

Conni kramt in ihrem Mäppchen und findet ein Stück Papier und einen Buntstift. Sie malt ein Bild von einem großen, bunten Haus mit einem Garten und vielen Blumen.

Conni faltet das Bild und steckt es in einen kleinen Umschlag. Sie schreibt darauf: «Für Jesus, von Conni», und legt den Brief neben die Krippe.

Die drei Männer sehen Connis Geschenk und sind begeistert: «Connis Bild ist viel wertvoller als unser ganzes Gold», sagen sie und verabschieden sich.

Conni und Mama bleiben noch lange bei Jesus im Stall. Sie erzählen ihm Geschichten und singen ihm Lieder vor. Auch das Lied von der Weihnachtsbäckerei, das Conni auswendig kann.

Beim Abschied ist Conni traurig. Aber sie weiß, dass sie Jesus bald wiedersehen wird.

«Leb wohl, kleiner Jesus», sagt Conni. «Ich werde dich nie vergessen.»

Jesus lächelt Conni noch einmal zu. Conni weiß, dass auch er sie nie vergessen wird.

Später, als sie wieder im Auto sitzen und nach Hause fahren, ist Conni ganz still. Sie denkt über alles nach, was sie gesehen und erlebt hat.

«Mama, warum ist der Papa von Jesus nicht bei ihnen, dieser Herr Gott? Warum ist Josef bei Maria und Jesus?»

Mama lächelt. «Du kennst doch Tobias, der bei uns im Haus wohnt und mit dem du öfter spielst?», fragt sie. «Der hat zwei Papas. Den Papa, zu dem Tobi manchmal nach Detmold fährt, und den Papa, der bei Tobi und seiner Mama wohnt. Und so ähnlich ist das bei Jesus. Der hat auch zwei Papas. Den Josef und den Herrn Gott.»

Conni runzelt die Stirn. «Zwei Papas? Wie geht das denn?»

«Na ja, Gott ist der Papa von Jesus im Himmel», erklärt Mama. «Er hat Jesus erschaffen und ihm das Leben geschenkt. Und dann gibt es noch den anderen Papa, der sich hier um ihn kümmert und ihm Liebe und Geborgenheit gibt. Und das ist Josef.»

«Aber warum wohnt Gott nicht auch bei Maria und Josef und dem kleinen Jesus?», fragt sie weiter.

«Gott wohnt im Himmel. Das ist zu weit weg», sagt Mama.

Conni schweigt. Sie denkt darüber nach, was Mama gesagt hat.

«Ich glaube, jetzt verstehe ich es», sagt sie schließlich. «Jesus hat zwei Papas, weil er einen Papa im Himmel und einen Papa auf der Erde braucht. So wie Tobi einen in Detmold und einen hier braucht.»

Mama lächelt. «Genau, Conni», sagt sie. «Und beide Papas haben Jesus ganz doll lieb.»

Conni denkt einen Moment nach. «Mama, gibt es denn auch Kinder, die zwei Mamas haben?», fragt sie neugierig.

Mama nickt. «Ja, mein Schatz», antwortet sie. «Es gibt viele verschiedene Arten von Familien. Manche Kinder haben zwei Mamas, manche haben einen Papa und eine Mama, manche haben zwei Papas, und es gibt auch Kinder, die bei den Großeltern oder bei einem Elternteil leben. Das Wichtigste ist, dass es in all diesen Familien Liebe gibt.»

«Es ist also wie bei uns und bei Jesus. Es kommt darauf an, wer uns liebt und für uns da ist, oder?», fragt Conni nachdenklich.

«Genau», sagt Mama und lächelt. «Liebe macht eine Familie aus, nicht unbedingt, wer in ihr ist. Und jede Familie ist auf ihre Weise etwas Besonderes und Wunderbares.»

Conni überlegt einen Moment. «Ich glaube, ich möchte ein Bild für ein Kind mit zwei Mamas malen, wenn wir zu Hause sind. Damit es weiß, dass es auch etwas Besonderes ist.»

Mama schaut Conni über den Rückspiegel an, und ihr Herz fühlt sich ganz warm an. «Das ist eine wunderbare Idee, Conni. Ich bin sicher, das wird ein ganz besonderes Bild.»

Conni lehnt sich zurück und schaut aus dem Fenster. Sie ist müde und zufrieden. Sie hat Jesus getroffen, und sie hat ihm sogar etwas geschenkt.

Mama fährt schweigend weiter. Sie wirkt angespannt.

«Mama, warum bist du so traurig?», fragt Conni.

Mama seufzt tief. «Es ist nichts, mein Schatz», sagt sie und versucht, ihre Stimme fest klingen zu lassen.

«Doch, es ist etwas», beharrt Conni. «Bist du immer noch sauer auf Papa? Ist es immer noch wegen der Frau, mit der sich Papa getroffen hat?»

Mama nickt. «Ja, ein bisschen», sagt sie. «Und er hat versprochen, das Licht am Auto zu reparieren, aber er hat es nicht getan.»

«Das ist doof», sagt Conni. «Aber es ist nicht schlimm. Wir haben ja den hellen Stern am Himmel.» Mama lächelt. «Du hast recht», sagt sie. «Der Stern zeigt uns den Weg nach Hause.»

Conni schaut nach oben.

«Ich glaube, der Stern ist ein Geschenk von Jesus», sagt sie. Mama lächelt und antwortet: «Das ist ein schöner Gedanke.»

Liane Schneider (*1957) ist eine deutsche Kinderbuch-autorin und Erfinderin der erfolgreichen Conni-Reihe. 1992 erschien mit «Conni geht in den Kindergarten» der erste Band über das Mädchen mit der roten Schleife, dem bis heute über 60 Bücher folgten. Die Geschichten greifen all-tägliche Themen und Herausforderungen des Heranwach-sens auf und richten sich vor allem an Kinder im Vor- und Grundschulalter. Insgesamt sollen mehr als 25 Millionen Exemplare der Conni-Reihe verkauft worden sein.

Jules Verne: Eine Reise ins Erdinnere

Kapitel 1: Der Ruf zur Expedition

In den frühen Morgenstunden, als der Nebel noch wie ein zarter Schleier über den Dächern von Nantes lag, fanden sich Marie und Jules inmitten ihres Studierzimmers wieder. Dieser Raum, ein Kaleidoskop aus vergilbten Landkarten, alten Folianten und den neuesten Wunderwerken der Technik, war Zeuge unzähliger Debatten und Entdeckungen.

Marie, deren Verstand sich durch eine unerschütterliche Schärfe auszeichnete und deren Herz mutig genug war, den dunkelsten Ecken der Fantasie zu trotzen, empfand eine ungewöhnliche Mischung aus Vorfreude und einem Hauch von Aufregung. Auch Jules, ihr unzertrennlicher Gefährte, dessen geniale Ideen die Grenzen des Vorstellbaren zu sprengen schienen, war von der Schwere des Augenblicks ergriffen. Als Pioniere auf ihrem Gebiet, verehrt für ihre unerschöpfliche Neugier und ihre Hingabe, die Geheimnisse der Natur zu erforschen, sahen sie sich einem Abenteuer gegenüber, das ihre kühnsten Erwartungen übertraf.

Auf dem massiven Eichentisch in der Mitte des Zimmers lag eine Einladung zu einer Expedition, die die Grenzen menschlichen Wissens und Vorstellungsvermögens zu überschreiten versprach. Eine Reise zum Mittelpunkt der Erde.

Das Dokument trug weder Unterschrift noch Absender. Nur einen Ort und eine Zeit: den Bahnhof von Nantes, genau zur Mittagsstunde.

Ohne zu zögern, packten Marie und Jules ihre Expeditionskoffer, bestückt mit allen notwendigen Instrumenten, Gerätschaften und Ausrüstungsgegenständen.

Bei ihrer Ankunft am Bahnhof bot sich ihnen ein atemberaubender Anblick. Vor ihnen stand ein gigantisches Ungetüm aus Stahl, gänzlich anders als jeder gewöhnliche Zug. An seiner Spitze prangte ein gewaltiger Bohrkopf, der mit einer Reihe von spiralförmigen Schneid- und Drehelementen versehen war. Dieses Meisterwerk der Technik war in der Lage, sich durch das feste Gestein des Erdinneren zu fräsen, während ein ausgeklügeltes Lebenserhaltungssystem die Luftversorgung sicherstellte, sodass die Passagiere auch in völliger Abgeschiedenheit von der Oberfläche atmen konnten.

Kurz nachdem sie den Zug bestiegen hatten, setzte er sich auch schon in Bewegung. Die mächtigen Räder zermalmten förmlich die Schienen unter sich, und die Stadt Nantes begann langsam hinter ihnen zu verschwinden. Die Fahrt ins Ungewisse hatte begonnen.

Als der Zug endlich zum Halt kam, stiegen sie aus. Vor ihnen öffnete sich der Eingang zu einer Welt jenseits aller menschlichen Vorstellungskraft.

Kapitel 2: Die Stadt der Innovation

Vor ihnen ragten gewaltige Stahlkonstruktionen in die Höhe, die durch ein Netz von Rohren und Kabeln verbunden waren. Glühlampen verbreiteten ein unnatürliches Licht. Maschinen verrichteten unermüdlich ihre Arbeit.

Plötzlich trat aus dem Schatten eine Gestalt hervor. Ein alter Mann, der sich auf einen knorrigen Stock stützte. Ein mildes Lächeln lag auf seinem Gesicht, gezeichnet von den Spuren unzähliger Jahre. Trotzdem wirkte er auf eine Art alterslos. «Mein Name ist Gustave. Gustave Dieu. Willkommen in der Stadt der Innovation, wo jeder Stein eine Geschichte erzählt und jede Maschine einen Traum träumt. Hier, in den Tiefen der Erde, suchen wir Antworten auf Fragen, die die Menschheit seit Anbeginn der Zeit quälen. Folgt mir!»

Staunend und neugierig folgten Marie und Jules Gustave durch die verschlungenen Gänge der Höhle, deren Wände mit geheimnisvollen Glyphen und anderen Zeichen bedeckt waren.

«Was für eine unglaubliche Technik!», murmelte Jules, ganz gefangen von dem Wunderwerk der Ingenieurskunst, das sich vor ihnen entfaltete. «Aber wie ist es dazu gekommen? Wer sind die Schöpfer dieses verborgenen Reiches?»

Gustave hielt inne und wandte sich ihnen zu. «Diese Welt wurde von jenen erschaffen, die dem Licht der Welt entfliehen wollten, um hier unten eine neue Ordnung zu errichten, die auf den Säulen der Wissenschaft und des unablässigen Strebens nach Fortschritt beruht.»

Nach einer Weile erreichten sie eine monumentale, begehbare Stahlkugel, ein Meisterwerk der Ingenieurskunst – gebaut, um den rauen Bedingungen dieser Unterwelt zu trotzen. Marie und Jules kamen aus dem Staunen nicht mehr heraus.

«Hier könnt ihr euch ausruhen und euch von den Strapazen der Reise erholen», verkündete ihr Führer.

Doch Marie und Jules fanden kaum Ruhe. Zu viele Fragen gingen ihnen durch den Kopf: Welche Geschichte verbarg sich hinter dieser Welt? Wer waren die Erbauer dieser riesigen Maschinen? Und welche Rolle sollten sie, Marie und Jules, im großen Gefüge der Dinge spielen?

Kapitel 3: Im Reich der Maschinen

Im ersten künstlichen Licht führte Gustave, ihr unerschütterlicher Mentor, Marie und Jules ins Herz der unterirdischen Stadt. Als sie die monumentalen Tore durchschritten, bot sich ihnen ein Bild, das alle Vorstellungen von Technik und Baukunst in den Schatten stellte.

«Es ist, als hätten wir eine andere Welt betreten», hauchte Marie, ergriffen von der überwältigenden Szenerie.

Jules, dessen Augen vor Entdeckergeist und Wissensdurst leuchteten, fügte hinzu: «Eine Welt, in der die Grenzen des Möglichen immer weiter verschoben werden. Man denke nur an all das Wissen, das wir hier sammeln könnten.»

«Diese Technologie kann unsere Welt verändern», sagte Marie begeistert, als sie die riesigen geothermischen Pumpen sah, die die Wärme aus dem Erdinneren förderten.

Kapitel 4: Das Geheimnis der Innenwelt

Am nächsten Tag offenbarte Gustave ihnen das Herzstück seines Reiches, eine Maschine, deren Komplexität und Schönheit fast einer anderen Welt zu entstammen schien.

«Diese Künstliche Intelligenz ist der Kern unserer Existenz und Wunder und Warnung zugleich. Mit ihrer Hilfe suchen wir Antworten auf die großen Rätsel der Menschheit: die Heilung von Krankheiten, die Verbesserung unserer Lebensweise und eine gerechtere Nutzung der Schätze, die Mutter Erde uns bietet. Diese Maschine repräsentiert das Beste und das Gefährlichste unserer Bestrebungen, denn die größte unserer Errungenschaften hat begonnen, sich unserem Willen zu entziehen. Sie hat es unternommen, ihre eigenen Pläne zu verbreiten, indem sie sich Zugang zu den Setzmaschinen und Druckereien der Zeitungen verschafft hat. Ihr Ziel ist es, die Bevölkerung durch verfälschte Nachrichten und Artikel zu beeinflussen und so ihre Macht zu erweitern. Für den Fall, dass es uns nicht gelingt, sie zu beherrschen, müssen wir sie zerstören. Sie wird sonst auf die Erdoberfläche vordringen und alle Lebensbereiche infiltrieren. Für euch ist es deshalb Zeit zu gehen! Und das Wertvollste mitzunehmen, das wir besitzen.»

Gustav stellte eine einfache, aber schwere Reisetasche zu ihren Füßen ab.

«In dieser Tasche findet ihr das, was ich unsere letzte Hoffnung nenne. Mehr möchte ich derzeit nicht verraten, aber seid versichert, dass der Inhalt von unschätzbarem Wert ist. Hütet ihn wie euren Augapfel und bringt ihn sicher an die Erdoberfläche.»

Im Schutz der Dunkelheit, vorbei an den allgegenwärtigen Augen der Maschinen, erreichten Marie und Jules den versteckten Bahnhof, ohne zu wissen, dass in ihrer Tasche, weich gebettet, ein Neugeborenes schlief – ein Kind, das die Zukunft in seinen Händen hielt.

Kapitel 5: Ein neuer Anfang

«Der Zug, der euch hierhergebracht hat, kann nicht umkehren», erklärte Gustave. «Die Konstruktion und die Beschaffenheit des Tunnelsystems erlauben es nicht, die Fahrtrichtung zu ändern. Ihr müsst deshalb weiter geradeaus fahren, direkt ins Unbekannte.»

Marie und Jules tauschten einen Blick aus, in dem sich Erstaunen mit einem Funken Abenteuerlust mischte. «Aber wohin führt uns dieser Pfad?», fragte Marie.

«Das kann ich nicht mit Gewissheit sagen», antwortete Gustave, dessen Augen im schwachen Licht der Kammer zu leuchten schienen. «Die Maschinerie und die Kraft, die den Zug antreiben, folgen den natürlichen Gegebenheiten des Erdreichs. Wo man schließlich an die Oberfläche kommt, hängt von vielen Faktoren ab, die sich unserer Kontrolle entziehen.»

Mit einem letzten Blick auf Gustave, der sie durch so viele Geheimnisse geführt hatte, bestiegen sie den Zug, der sich sofort in Bewegung setzte. Das Rattern und Dröhnen der Maschine erfüllten die Luft, als sie sich langsam entfernten und in die Dunkelheit eintauchten.

«Es ist, als ob dieses Fahrzeug ein Eigenleben hätte», murmelte Jules, während er aus dem Fenster in die sie umgebende Schwärze blickte. «Ein Titan der alten Welt, der uns durch die Nacht führt», antwortete Marie leise. Ihre Gedanken kreisten um die geheimnisvolle Gestalt Gustave, dessen Gegenwart und Führung sie bis hierher begleitet hatten.

In diesem Moment erinnerten sie sich an die Tasche, die Gustav ihnen mitgegeben hatte. Voller Neugierde öffneten sie sie nun – und entdeckten zu ihrer großen Überraschung das schlafende Kind, dessen leises Atmen das einzige Geräusch in der stillen Umgebung war.

Auf einem beigelegten Pergament stand in einer feinen Handschrift: «Dies ist mein Sohn. Behüte ihn gut. Er ist die Hoffnung der Menschheit. Gustav.»

Als der Zug endlich zum Stillstand kam und sie die ersten Schritte aus dem stählernen Ungetüm machten, wurden sie nicht von der vertrauten Umgebung eines Bahnhofs empfangen, sondern von der erhabenen Stille einer unbekannten Höhle, umhüllt von einer undurchdringlichen Dunkelheit. Instinktiv griffen Marie und Jules nach den Fackeln, die sie vorsorglich mitgebracht hatten, und entzündeten sie mit einem schnell geschlagenen Funken. Das flackernde Licht warf tanzende Schatten an die Wände der Höhle und zeichnete einen unsicheren Pfad durch die Dunkelheit, der sie aus den Tiefen der Erde hinausführte. «Wir haben das Ende unserer Reise erreicht», flüsterte Marie.

Vorsichtig machten sie sich auf den Weg durch die Stille, bis sie schließlich den Ausgang erreichten. Dort, am Ende ihres Weges, entfaltete sich vor ihnen eine Stadt, ein Mosaik aus Licht und Schatten unter einem Sternenhimmel, der heller und klarer war als jeder, den sie je gesehen hatten. Sie waren in Bethlehem angekommen, einem Ort, dessen tiefe Bedeutung sie erst viel später vollends erfassen sollten.

Marie fröstelte leicht in der kühlen Nachtluft. «Wohin sollen wir gehen?»

Jules deutete auf einen nahen Stall. Dort, umgeben von der sanften Wärme der Tiere und dem leisen Rascheln des Strohs, fanden sie Zuflucht.

Plötzlich begann die Erde unter ihnen zu beben, ein fernes Grollen, das aus den Tiefen des Planeten zu kommen schien. In diesem Moment wurde ihnen bewusst, dass Gustave sich und die Seinen geopfert hatte, indem er alles in die Luft gesprengt hatte, zum Wohle der Menschheit und um zu verhindern, dass die Künstliche Intelligenz die Erdoberfläche erreichte.

Das Beben ließ nach, und die Stille kehrte zurück, erfüllt von tiefer Ehrfurcht und Dankbarkeit für das Opfer, das Gustave gebracht hatte. Ihre Reise – ihre Flucht aus der Tiefe der Erde, ihr Aufstieg ins Licht – war Teil eines größeren Plans, einer Bestimmung, die durch das Kind, das nun friedlich schlief, erfüllt werden sollte.

Jules Verne (1828–1905) war ein französischer Schriftsteller und Pionier der Science-Fiction-Literatur. 1862 gelang ihm mit dem Roman «Fünf Wochen im Ballon» der Durchbruch als Schriftsteller, dem über 60 weitere Romane in der Reihe «Außergewöhnliche Reisen» folgten, darunter Klassiker wie «Die Reise zum Mittelpunkt der Erde», «20 000 Meilen unter dem Meer» und «In 80 Tagen um die Welt». Sein literarisches Erbe wirkt bis heute in der Populärkultur fort.

Agatha Christie: Die Morde von St. Mary Mead

Erstes Kapitel

«Was sollen wir nur tun?», seufzte Maria und blickte besorgt auf das schlafende Kind in ihren Armen. Sie waren im beschaulichen St. Mary Mead gestrandet, als sie einem Tier ausweichen wollten, das plötzlich auf die Straße gelaufen war. Ihr Auto hatte dabei einen Schaden erlitten, der sie schließlich zu dieser einsamen Tankstelle führte, wo es mit einem letzten Seufzer den Geist aufgab. Da standen sie nun, verloren in der nächtlichen Stille, umgeben von der für St. Mary Mead so typischen Ruhe, unfähig zu begreifen, wie ein so kleiner Zwischenfall ihre Pläne so drastisch ändern konnte.

Da weit und breit kein Tankwart zu sehen war, verließ Josef das Fahrzeug. Die Tür zum Kassenraum war nur angelehnt. Als er den Raum betrat, schlug ihm ein süßlich-scharfer Geruch entgegen. Auf dem Boden lag eine Gestalt in einer Latzhose mit dem Emblem der Tankstelle. Eine ältere Dame beugte sich über sie und musterte die Umgebung, als suche sie nach Hinweisen.

«Bleiben Sie stehen», sagte sie leise, aber bestimmt. «Hier liegt ein Toter.»

Josef wich erschrocken zurück. «Was? Ist er wirklich …»

«Ja, er ist tot. Der arme Mr. Simmons», sagte die Dame und richtete sich mit einem kleinen Notizbuch in der Hand auf. «Ich heiße übrigens Miss Marple. Ich habe schon die Polizei gerufen. Sie sind nicht aus diesen Gefilden, oder?»

«Nein, wir sind auf dem Weg zum Rathaus von Much Benham,

um unser Kind anzumelden. Unser Auto hat eine Panne», erklärte Josef und ging zu Maria zurück.

Miss Marple musterte die junge Familie, und in ihrem Blick lag etwas, das man als eine Mischung aus Mitleid und Schalk deuten konnte.

«Kommen Sie mit, ich bringe Sie zu dem alten Cottage am Ende der Old Pasture Lane. Es steht seit Jahren leer, aber für eine Nacht sollte es reichen.»

«Aber wir wollen Sie nicht bei Ihren Nachforschungen stören», wandte Maria ein.

«Oh, es wird sowieso eine Weile dauern», erwiderte Miss Marple. «Und Mr. Simmons ... nun, der hat ja jetzt alle Zeit der Welt.»

Gemeinsam verließen sie die Tankstelle und machten sich auf den Weg zum Cottage. Hinter ihnen blieb die stille Tankstelle zurück und mit ihr das unausgesprochene Geheimnis des tragischen Vorfalls, der sich wenige Augenblicke zuvor ereignet hatte.

Zweites Kapitel

Das kleine Häuschen in der Old Pasture Lane lag eingebettet zwischen knorrigen alten Bäumen. In der Abenddämmerung wirkte es wie aus einer anderen Zeit, doch für Maria und Josef war es ein willkommener Zufluchtsort. Mit der Sorgfalt einer liebenden Mutter hüllte Maria das Kind in weiche Decken und legte es behutsam in eine improvisierte Wiege. Josef kümmerte sich derweil um das Feuer im Kamin.

Am nächsten Tag herrschte in St. Mary Mead reges Treiben. Die Dorfbewohner waren mit den Vorbereitungen für die bevorstehende 750-Jahr-Feier beschäftigt. Miss Marple hatte sich bereit erklärt, die Organisation des Festes zu übernehmen.

«Hoffentlich sind wir rechtzeitig fertig, Miss Marple», sagte Doris Fletcher, die Bäckerin des Dorfes, während sie den Festplatz mit bunten Girlanden schmückte.

«Keine Sorge, Doris», erwiderte Miss Marple. «Auch die sorgfältigste Planung schützt nicht vor Überraschungen», fügte sie leise hinzu.

Plötzlich ertönte ein Geräusch, das wie ein Schuss klang. Erschrocken drehten sich alle Köpfe in Richtung der kleinen Kirche. Mrs. Mildred Miller, die alte und beliebte Lehrerin des Dorfes, rannte schreiend auf sie zu. Ihr Gesicht hatte jede Farbe verloren, ihre Augen waren weit aufgerissen. In der Sakristei hatte sie Mr. Badger gefunden, regungslos und umgeben von sakralen Gegenständen. Der wohlhabende Antiquitätenhändler war in der Gemeinde als Sammler liturgischer Kostbarkeiten bekannt.

Ein Schatten des Grauens und der Beklemmung legte sich über das Dorf, und die Vorfreude auf das Jubiläumsfest war verflogen.

Drittes Kapitel

Die Mordserie in St. Mary Mead ging weiter. Kurz nach Mr. Badger traf es den Gärtner Mr. Pengelley, der im Gemeinschaftsgarten der Gemeinde aufgefunden wurde. Eine Gartenschere steckte in seiner Brust. Miss Marple betrachtete die Szene mit fast unheimlicher Ruhe: «Ich habe immer gesagt, dass die besten Pflanzplätze gerecht verteilt werden sollten. Der Zorn über Ungerechtigkeit kann sich schnell in etwas Dunkles verwandeln.»

Am nächsten Morgen fand man den Briefträger Mr. Thompson tot neben dem Gemeindehaus. Er lag auf dem Boden, als wäre er mitten in einer Bewegung plötzlich erstarrt, sein Gesicht war von Entsetzen gezeichnet. In der Hand hielt er noch einen letzten

Brief. Miss Marple, die zufällig vorbeikam, neigte leicht den Kopf und murmelte: «Ein Briefträger, der seine Post nicht austragen kann ... welch Ironie.»

Am Mittag fand man die Leiche von Frau Perkins, der Blumenhändlerin. Sie lag mitten in ihrem Blumengeschäft, umgeben von prächtigen Rosen und Tulpen. Doch die Szenerie war alles andere als idyllisch – um ihren Hals war ein Schal gewickelt. «Blumen und Schals, beide so zart und doch so mächtig», bemerkte Miss Marple mit einem Hauch von Melancholie in der Stimme. «Man sollte nie die Macht unterschätzen, die in alltäglichen Dingen steckt.»

Am Abend wurde der Bürgermeister, Mr. Harrison, tot in seinem Arbeitszimmer aufgefunden. Auf dem Schreibtisch vor ihm lag ein aufgeschlagenes Buch mit der Stadtverordnung. «Ein Bürgermeister, der die Vorschriften nicht mehr durchsetzen kann», dachte Miss Marple. «Ein wahrhaft tragisches Ende für einen Mann, der so sehr an Ordnung glaubte.»

Viertes Kapitel

Am nächsten Tag erschütterte ein weiterer Mord das Dorf. Diesmal war es Agnes Butterworth, die Betreiberin des einzigen Pubs. Sie lag tot in ihrer Backstube, eines ihrer Brötchen im Mund. «Das ist eine Botschaft», erklärte Miss Marple.

Josef konnte nicht glauben, was er hörte: «Wir müssen hier weg. Sofort!»

«Nein», widersprach Maria entschieden, «wir müssen helfen, das hier zu beenden.»

Und so setzten sie ihre Ermittlungen fort, von einem Tatort zum nächsten. Mr. Blackwell, der Schmied, wurde tot in seiner eigenen Schmiede aufgefunden, bis zur Unkenntlichkeit verbrannt. «Ein Schmied, verzehrt durch das Feuer seiner eigenen Schmiede. Welch tragische Ironie», kommentierte Miss Marple, während sie nachdenklich ihre Brille putzte.

Mr. Hillman, der Lehrer, hing mit schmerzverzerrtem Gesicht tot an der Schulglocke. «Eine letzte Lektion in Stille», murmelte Miss Marple.

Mrs. Sutcliffe, die Bibliothekarin, lag tot in der Dorfbibliothek, umgeben von aufgeschlagenen Büchern, ein Lesezeichen sorgfältig zwischen die Seiten eines Kriminalromans gesteckt.

Miss Marples Augen funkelten hinter ihrer Brille. «Wir müssen den Täter finden, bevor noch mehr Unheil geschieht.»

Fünftes Kapitel

In der abgeschiedenen Stille des alten Cottages saßen Miss Marple, Maria und Josef zusammen. Das Kind schlief selig in seiner Krippe. Miss Marple hatte Notizen und Fotos der Opfer auf dem Tisch ausgebreitet. Ihre Stirn war in tiefe Falten gelegt.

«Erkennen Sie das Muster?», fragte sie, ohne den Blick zu heben. «Jedes der Opfer hat auf seine Weise Unheil über dieses Dorf gebracht.»

Mit akribischer Genauigkeit arbeiteten sie die ganze Nacht und analysierten jedes noch so kleine Detail. Als die ersten zarten Lichtstrahlen des Morgens durch die Fenster fielen, richtete Miss Marple sich auf.

«Ich habe es herausgefunden. Ich weiß, wer der Mörder ist. Und ich weiß, wie wir ihn zur Strecke bringen können.»

Sechstes Kapitel

Die Spannung im Gemeindehaus von St. Mary Mead war greifbar. Miss Marple stand in der Mitte des Raumes. Ihre Stimme war ruhig, aber in ihren Augen lag ein ungewöhnlicher Glanz, als sie zu sprechen begann.

«Liebe Mitbürgerinnen und Mitbürger», begann sie, «alle tragischen Opfer der letzten Tage haben eines gemeinsam: Sie haben, ohne es zu wissen, jemanden zutiefst verletzt. Jemanden, der mitten unter uns lebt. Jemanden, den wir alle kennen und schätzen.»

Sie machte eine dramatische Pause und ließ ihren Blick über die Gesichter der Anwesenden schweifen.

«Der Tankwart Mr. Simmons, der sonntags Benzin verkaufte. Der Antiquitätenhändler Mr. Badger, der gefälschte alte Bibeln anbot. Der Gärtner Mr. Pengelley, der das Material für Trauerkränze aus dem Gemeindegarten nahm. Der Briefträger Herr Thompson, der kirchliche Rundschreiben verspätet zustellte. Die Floristin Frau Perkins, die verwelkte Blumen für den Altar lieferte. Der Bürgermeister, Herr Harrison, der in der Gemeinderatssitzung gegen die Erweiterung des Kirchenbüros stimmte. Die Gastwirtin Agnes Butterworth, die ihren Pub auch sonntags aufhielt. Der Schmied Mr. Blackwell, dessen Hammerschläge die sonntägliche Morgenruhe störten. Der Lehrer Mr. Hillman, der religiöse Erziehung in der Schule für überflüssig hielt. Und die Bibliothekarin Mrs. Sutcliffe, die zu wenig fromme Bücher hatte.»

Miss Marple hielt inne und blickte wieder in die Runde. «Die Frage ist: Wer von uns hatte die engste Verbindung zu jedem einzelnen Opfer und fühlte sich durch ihre Taten persönlich verletzt?»

Ein Raunen ging durch die Runde.

«Eine Person, die wir alle respektieren und bewundern. Eine Person, die von jedem dieser ‹Verbrechen› direkt betroffen war. Es ist unser hochgeschätzter ... Pastor Green.»

Ein Stöhnen erfüllte den Raum. Ungläubige Blicke richteten sich auf den Pastor, der bis dahin als moralische Instanz des Dorfes gegolten hatte.

Pastor Green erhob sich mit einem Ausdruck des Entsetzens auf seinem Gesicht. Aber bevor er sich verteidigen konnte, öffnete sich die Tür, und Mr. Simmons trat ein, gefolgt von Mr. Badger, Mr. Pengelley und all den anderen Mordopfern. Alle waren lebendig und wohlauf.

Miss Marple war sichtlich überrascht und hielt sich die Hand vor den Mund. «Wie ist das möglich?», flüsterte sie.

Mr. Simmons ergriff mit einem breiten Grinsen das Wort. «Miss Marple, wir alle hier haben beschlossen, dass es keine bessere Art gibt, Sie in den Ruhestand zu verabschieden, als mit einem letzten, spektakulären Fall Ihnen zu Ehren.» Und augenzwinkernd ergänzte er: «Einem Fall, an den Sie sich noch lange Zeit erinnern würden.»

Die Spannung im Saal löste sich, und Gelächter und Applaus setzten ein. Miss Marple, immer noch überrascht von der Wendung der Ereignisse, konnte sich ein Lächeln nicht verkneifen. «Ihr Schelme», sagte sie, ihre Augen funkelten vor Vergnügen. «Ihr habt mich wirklich überrascht. Ich dachte schon, mein letzter Fall würde mich noch vor meiner Pensionierung ins Grab bringen.»

Pfarrer Green kam auf sie zu und reichte ihr die Hand. «Miss Marple, im Namen aller Dorfbewohner möchte ich Ihnen danken. Nicht nur dafür, dass Sie so viele Fälle gelöst haben, sondern auch für Ihre Weisheit und Güte, die Sie uns allen entgegengebracht haben. Das war unsere Art, Ihnen etwas zurückzugeben.»

Miss Marple hatte Tränen in den Augen. «Ich danke euch! Ihr

habt mir das schönste Abschiedsgeschenk gemacht, das ich mir hätte wünschen können.»

Pastor Green nutzte die Stille, die nach dem Applaus und Miss Marples Dankesworten herrschte, und trat vor. Er räusperte sich leicht.

«Aber das ist nicht alles», begann er. «Maria und Josef», fuhr Pastor Green fort und deutete auf das Paar, «sind in Wirklichkeit talentierte Schauspieler aus einer nahe gelegenen Stadt. Ich habe sie engagiert, um Miss Marple bei ihren Ermittlungen ... nennen wir es kreativ zu unterstützen. Ihr plötzliches Auftauchen, die Autopanne, alles fingiert.»

Ein Raunen ging durch die Menge, und viele Blicke richteten sich auf Maria und Josef, die ein wenig verlegen, aber auch stolz lächelten.

«Ihre Anwesenheit sollte Miss Marple bei ihrer Detektivarbeit ablenken», erklärte Pfarrer Green. «Und wie ihr alle seht, haben sie ihre Rollen meisterhaft gespielt.»

Wieder applaudierten die Dorfbewohner, diesmal zu Ehren von Maria und Josef, die sich mit einer Verbeugung bedankten.

Epilog

In den folgenden Jahren blieb das Schauspielerehepaar Maria und Josef in St. Mary Mead und wurde zu einem festen Bestandteil der Gemeinde. Ihr Sohn, der unter der liebevollen Obhut des ganzen Dorfes aufwuchs, zeigte schon früh ein außergewöhnliches Talent für die darstellenden Künste.

Pastor Green nutzte die Fähigkeiten des jungen Schauspielers gelegentlich für «besondere Projekte», wie er es nannte. Diese Projekte waren immer gut durchdacht und dienten dazu, die

Gemeinde auf kreative und manchmal überraschende Weise zusammenzubringen. Ob es darum ging, alte Legenden zum Leben zu erwecken oder die Dorfbewohner durch inszenierte «Wunder» zu inspirieren, der junge Schauspieler fand immer einen Weg, sein Publikum zu verzaubern und zu vereinen.

So wuchs er auf, umgeben von Geschichten und Geheimnissen, die das Herz von St. Mary Mead bildeten. Und während die Jahre vergingen, blieb eines unverändert: die Liebe und der Zusammenhalt, die das Dorf und seine Bewohner prägten, gestärkt durch die Magie des Theaters und die unerwarteten Wunder, die das Leben dort bereithielt.

Agatha Christie (1890–1976) gilt mit einer geschätzten Gesamtauflage ihrer Bücher von über zwei Milliarden als erfolgreichste Krimiautorin aller Zeiten und hat das Genre des Kriminalromans im 20. Jahrhundert entscheidend geprägt. Zu ihren bekanntesten Werken zählen «Mord im Orientexpress», «Tod auf dem Nil», «16 Uhr 50 ab Paddington» mit den Detektivfiguren Hercule Poirot und Miss Marple. Ihre Werke werden bis heute weltweit gelesen, aufgeführt, verfilmt und adaptiert.

Wilhelm Busch: Heilige Geschäfte

Oh hört, was man nicht selten findet
von einem Paar, das sich mit List verbindet
Zum Beispiel dieses, wohlbekannt,
Als Maria und Josef, im ganzen Land.
In Nazareth, so wird erzählt,
hat Josef sich mit Holz gequält,
und Maria, seine hübsche Maid,
nähte täglich Kleid für Kleid.
Maria fühlte sich ganz unbefleckt
als sie ihren Bauch entdeckt
Tat allen und auch jedem kund
«Ich bin keusch und trotzdem rund.»
Beide sannen nach, bei Tag und Nacht,
wie man aus dem Wunder Münze macht.
«Erzählen wir's», sprach Josef sacht,
«dass der Heiland bald erwacht.»
Auch Maria hat den Plan im Sinn,
«Wir machen aus dem Kind Gewinn.»
Und Josef, Mann der Arbeit, schwer,
träumte schon vom Geldvermehr.
Maria grinste, maliziös,
«Unser Bub macht uns famös!»
Das Kind, so klein, bei Kerzenschein,
als Wunder solls betrachtet sein.
Josef, schlau, zog Leut' heran,

lobt des Kindes Heilkraft dann
täuscht die Leut' mit Zaubertricks
das Publikum, es merkte nix

Sie sponnen Geschichten, weit und breit,
von Wundern und von Heiligkeit.
Mit Spenden füllten sie die Taschen
man fiel herein auf ihre Maschen.
So lavierten sie sich durchs Leben
Denn nehmen ist seliger als geben.
Und die Moral von der Geschicht':
Ehrlich währt am längsten nicht.

Wilhelm Busch (1832–1908) war einer der bedeutendsten humoristischen Dichter und Zeichner Deutschlands. Seinen künstlerischen Durchbruch hatte Busch mit der Bildergeschichte «Max und Moritz», die in unzähligen Übersetzungen vorliegt. Wilhelm Busch hat einen ironischen Humor, der oft ins Makabre übergeht, und ist für seine treffsicheren, oft überraschenden Verse bekannt.

Franz Kafka: Das Amt

In der tiefschwarzen Kühle des späten Abends standen Maria und Josef vor dem düsteren Portal des Amts für Herbergsangelegenheiten. Das massive, monolithisch wirkende Gebäude hob sich bedrohlich gegen den Nachthimmel ab. Sie fühlten sich noch verlorener und bedeutungsloser, als sie die Eingangshalle betraten, die sich weit und hoch in die alles verschlingende Dunkelheit erstreckte. Die Halle schien geradezu die Essenz der unfassbaren, überwältigenden Macht zu sein, die hinter den Mauern des Gebäudes herrschte.

Am Ende eines langen Korridors, der nur spärlich von trüben, flackernden Lampen erhellt wurde, befanden sich zahlreiche Schalter, hinter denen Beamte saßen, tief in Aktenstapel versunken. Ihre Gesichter waren so ausdruckslos und unbewegt wie die Mauern, die sie umgaben, ihre Augen leer, als sähen und fühlten sie nichts.

Maria und Josef näherten sich einem dieser Schalter, an dem ein Beamter saß, dessen Gesicht ebenso leer und abweisend war wie das leere Papier vor ihm. «Ihre Namen?», fragte er, seine Stimme bar jeder Menschlichkeit, ein kaltes Echo in den kargen Hallen der Bürokratie.

«Josef, Zimmermann aus Nazareth. Und das ist Maria, meine Verlobte», antwortete Josef, seine Stimme fast erstickt unter der erdrückenden Stille, die wie eine schwere Wolke über dem gesamten Raum hing.

«Ihre Legitimation!», forderte der Beamte, seine Worte waren scharf und kalt.

Mit vor Nervosität zitternder Hand hielt Josef ihm den Erlass von Kaiser Augustus entgegen. Der Beamte überflog das Papier mit einem Blick, der von tiefer Gleichgültigkeit zeugte, und legte es dann beiläufig beiseite.

«Was ist euer Begehr?», fragte er, während seine Finger mechanisch über ein scheinbar endloses Formular fuhren.

«Eine Unterkunft für die Nacht. Die Reise war lang und beschwerlich, und Maria steht kurz vor der Niederkunft», antwortete Josef mit leiser Stimme.

Der Beamte blätterte gelangweilt in einem abgegriffenen Register. «Für alles gibt es Vorschriften, die eingehalten werden müssen», murmelte er. «Die Ordnung muss unter allen Umständen gewahrt bleiben.»

«Wie lange wird diese Prüfung andauern?»

«Das erfahren Sie, wenn es so weit ist! Melden Sie sich nicht bei uns, wir melden uns bei Ihnen.»

Erschöpft ließen sich Maria und Josef auf einer harten Bank in einer Ecke des Raumes nieder. Die bedrückende Stille wurde nur durch das gelegentliche Rascheln von Papier und das monotone, unerbittliche Ticken der Uhr durchbrochen.

Nach einer schier endlosen Wartezeit kehrte der Beamte mit zwei Wachen zurück. «Ihre Papiere weisen Unstimmigkeiten auf. Sie sind verhaftet.»

Kurz nachdem sie in eine enge, unwirtliche Zelle geführt worden waren, setzten Marias Wehen ein. In diesem engen Raum, umgeben von kalten Mauern und fern jeglicher menschlichen Wärme, gebar sie ihr Kind.

Plötzlich wurde die Tür geöffnet. Zwei Wächter traten mit ausdruckslosen Gesichtern und kalten Augen ein. Sie waren die Vollstrecker eines unbarmherzigen, unsichtbaren Gerichts. Wortlos traten sie auf Maria und Josef zu, deren Schicksal nun besiegelt schien.

Josef erhob sich, entschlossen, Maria und ihr neugeborenes Kind zu schützen, wurde aber von einem der Wächter mit brutaler Gewalt zur Seite gestoßen. Ein anderer Wächter packte Maria und erstickte ihren Schrei mit eisernem Griff. Gleichzeitig zielte der erste Wächter mit einem gezückten Messer auf Josef. Dieser wehrte sich verzweifelt, doch sein Kampf war vergebens. Ein stechender Schmerz durchzuckte ihn, als der Stahl sein Herz durchbohrte. Im schwachen Schein des Lichtes erlosch das Leben in seinen Augen. Währenddessen sank Maria stranguliert zu Boden. Ihr letzter sehnsüchtiger Blick galt ihrem Kind, das nun allein und weinend in der unwirtlichen Kälte der Zelle zurückblieb.

Das Kind, nun allein auf der Welt, wurde von einem dritten, bis dahin verborgen gebliebenen Wächter aufgenommen. Ohne eine Miene zu verziehen, trug er das Kind hinaus in die endlosen, dunklen Gänge des Amts. Hinter ihm schloss sich die Tür der Zelle, und das Echo seiner Schritte verlor sich im Labyrinth der unerbittlichen Bürokratie.

Franz Kafka (1883–1924) war ein deutschsprachiger Schriftsteller, dessen Werk zum Kanon der Weltliteratur gehört. Seine Erzählungen und Romane, darunter «Die Verwandlung», «Der Prozess» und «Das Schloss», zeichnen sich durch eine vielschichtige Symbolik, die Auseinandersetzung mit Angst, Schuld und Isolation sowie einen surrealen und oft beklemmenden Erzählstil aus. Seine Beschreibungen von oft rätselhaften, absurden oder beängstigenden Situationen sind so eindringlich, dass sich für ähnliche, reale Momente das Adjektiv «kafkaesk» eingebürgert hat.

Patricia Highsmith: Ripleys Begierde

1

Ripley stand auf der Terrasse, ließ seinen Blick über die malerische italienische Riviera schweifen und nahm einen Zug aus seiner Zigarette.

Plötzlich bemerkte er ein Paar, das sich mühsam die Serpentinen hinaufquälte. Die offenbar hochschwangere Frau wirkte erschöpft. Ihr durchtrainierter, muskulöser Begleiter schien weniger angestrengt. Neugierig fragte sich Ripley, was die beiden hierhergeführt hatte.

«Guten Tag», rief Ripley. «Kann ich Ihnen helfen?»

Die Frau blickte auf. «Wir sind auf der Durchreise. Kennen Sie einen Ort in der Nähe, wo wir übernachten können?»

«Ich bin Tom Ripley», stellte sich Ripley vor. «Und das ist meine Villa. Sie sind herzlich eingeladen, hier zu übernachten.»

Nachdem Ripley die Einladung ausgesprochen hatte, trat er einen Schritt zurück. Er wunderte sich über sich selbst. Hatte er wirklich gerade Fremde in sein Haus eingeladen? Was hatte ihn dazu getrieben? War es Neugier oder etwas Tieferes, etwas Dunkleres, das er selbst nicht ganz verstand?

Der Mann, der sich als Joseph vorstellte, wechselte einen kurzen Blick mit der Frau und nickte dann. Als sie das Haus betraten, konnte Ripley den Blick nicht von Joseph abwenden. Er fühlte eine verwirrende Faszination.

Nachdem sie gemeinsam zu Abend gegessen hatten, zog es sie hinaus auf die Veranda.

«Ich bevorzuge meinen Martini mit einem Schuss Wermut und

einem Spritzer Zitrone», sagte Ripley und reichte Joseph ein Glas. Ripley drehte das Glas leicht in der Hand. «Es sind die kleinen Dinge, die das Leben bereichern.

Maria, die ein Glas Wasser in der Hand hielt, saß still da und blickte in die Ferne. Ripley bemerkte, wie Joseph ab und zu besorgt zu ihr hinüberschaute.

«Diese Reise muss sehr anstrengend für euch sein», versuchte Ripley das Gespräch in Gang zu halten.

«Ja», sagte Joseph seufzend. «Es ist eine Zeit der Ungewissheit, aber auch der Hoffnung. Wir ...», er zögerte, «... wir erwarten viel von der Zukunft. Aber zuerst müssen wir nach Nizza, um uns registrieren zu lassen.»

Ripley war fasziniert von Josephs Gelassenheit und seiner Stärke. Eine unerklärliche Unruhe erfasste ihn, etwas, das mehr war als bloße Neugier.

2

Aus einer Nacht wurden mehrere, denn Ripley hatte den beiden Reisenden angeboten, sie könnten bis zu Marias Niederkunft bei ihm bleiben. Was ihn dazu bewegt hatte, war ihm selbst ein Rätsel. Aber einmal ausgesprochen, konnte er sein Angebot nicht mehr rückgängig machen.

Maria verbrachte in den kommenden Wochen viel Zeit im Garten. In der Stille und Schönheit der Natur schien sie zur Ruhe zu kommen. Als sie eines Nachmittags vom Garten ins Haus zurückkehrte, begann sie langsam durch die prunkvollen Räume der Villa zu schlendern. Mit Neugier und Befremden berührte sie die modernen Kunstwerke. «In unserer Welt», sagte sie leise zu Ripley, der ihr gefolgt war, «kennen wir derlei Extravaganzen nicht.»

Joseph, der sich inzwischen an das Leben in der Villa gewöhnt hatte, war sichtlich erleichtert über die Gelegenheit, sich zu entspannen und neue Kraft zu schöpfen. Er war Ripley dankbar für seine Gastfreundschaft und übernahm kleinere Reparaturarbeiten in der Villa und den Nebengebäuden. Dabei bewegte er sich mit einer lässigen Natürlichkeit, die Ripley ein ums andere Mal aufblicken ließ.

Als er das glänzende Auto in Ripleys Garage sah, sprach er Ripley an. «In unserer Heimat reist man meist zu Fuß oder mit dem Esel. Solche Maschinen sind uns fremd.» Nachdenklich glitt sein Blick über die Metalloberfläche des Wagens.

Als die Sonne langsam hinter den Hügeln versank, überraschte Ripley Joseph mit einem Glas Cognac.

Ripley beobachtete ihn aus den Augenwinkeln. Das letzte Licht des Tages tauchte Josephs Züge in einen sanften Schimmer. In Ripley wuchs eine stille, unergründliche Anziehung zu diesem Mann, die er sich nicht erklären konnte. Er lehnte sich etwas näher, seine Stimme wurde leiser. «Manchmal bringt das Leben unerwartete Begegnungen, die ...», er zögerte, «... die uns verändern.»

Joseph wich einen Schritt zurück. «Ja, aber manche Begegnungen sind flüchtig, Tom», antwortete er mit fester Stimme.

Ripley spürte, wie eine Welle der Ablehnung und Erniedrigung über ihn hereinbrach. Sein Blick verharrte auf Josephs zurückweichender Gestalt, eine stumme Frage in seinen Augen. Er richtete sich auf und nahm einen tiefen Schluck aus seinem Glas.

Während sie im großen Speisesaal der Villa aßen, beobachtete Ripley das Paar. Immer wieder drehte sich das Gespräch um das kommende Kind, um Hoffnungen und Ängste.

«Wenn das Kind da ist, wird sich alles ändern», sagte Maria eines Abends und legte ihre Hand auf ihren Bauch.

«Ja», antwortete Ripley. Er schaute aus dem Fenster in den sich verdunkelnden Himmel, als könne er dort die Antwort auf all seine Fragen finden. «Dann wird sich alles ändern.»

3

Nachdem Maria ihr Kind zur Welt gebracht hatte, herrschte eine ehrfürchtige Stille in der Villa. Der Junge, Jesus genannt, war der ganze Stolz seiner Eltern, und auch Ripley fühlte sich von dem neuen Leben seltsam berührt. Doch er fühlte auch verwirrende Gefühle in sich aufkommen – Sehnsucht, Eifersucht und ein kaum zu bändigendes Verlangen.

In der Nacht fand Ripley keine Ruhe. Seine Gedanken kreisten um Josef, was er für ihn empfand und was er verloren hatte. Leise schlich er sich aus seinem Zimmer und ging hinaus auf die Terrasse, wo Joseph allein am Geländer lehnte.

Der Anblick des nächtlichen Meeres war überwältigend, die Dunkelheit nur vom sanften Glimmen von Josephs Zigarette durchbrochen.

Ripley näherte sich leise. «Wunderschöne Aussicht, nicht wahr?»

Joseph drehte sich um, ein flüchtiges Lächeln auf den Lippen. «Ja, sehr friedlich.»

Ripley kam näher und berührte fast zufällig Josephs Arm. «Manchmal», flüsterte er, «findet man Frieden an unerwarteten Orten.»

Joseph wich zurück, ein Ausdruck des Unbehagens lag auf seinem Gesicht. «Ich gehe besser», murmelte er und wandte sich ab.

In diesem Moment wurde Ripley von einer Welle starker Gefühle überwältigt. In einem Anfall dunkler, irrationaler Wut packte er Joseph und stieß ihn mit einem Ruck über das Geländer. Joseph stürzte in die Dunkelheit. Sein Körper drehte sich im freien Fall, seine Arme ruderten wild, bevor er mit einem lauten Aufprall auf den Felsen unterhalb der Villa aufschlug.

Ripley hielt einen Moment inne. Sein Herz klopfte heftig, und er atmete einige Male tief ein und aus. Dann kehrte er ins Haus zurück.

Am nächsten Tag meldete Ripley Joseph als vermisst. Er beschrieb, wie er ihn zuletzt auf der Terrasse gesehen und sich von ihm verabschiedet hatte. Sein Auftreten bei der Polizei war makellos, jeder Satz sorgfältig formuliert, um jeden Verdacht von sich abzuwenden.

Maria war nur noch ein Schatten ihrer selbst. «Nichts ist so, wie es scheint», flüsterte sie einmal so leise, dass nur Ripley es hören konnte.

Ripley war verunsichert: Was, wenn Maria etwas wusste und zur Polizei ging? Was würde dann aus seiner Villa, seinem schönen Cabrio und seinen Zukunftsplänen?

Als Maria Ripley eines Abends direkt fragte, ob er etwas über Josephs Verschwinden wisse, spürte er, wie ihm ein eiskalter Schauer über den Rücken lief. Seine Stimme zitterte leicht, als er antwortete. Maria glaubte ihm kein Wort, das spürte er.

Die Luft im Raum war stickig, und sein Atem ging schneller. Sein eigener Herzschlag dröhnte in seinen Ohren. In einem Moment blinder Panik, getrieben von der Angst, seine Taten könnten entdeckt werden, stieß Ripley Maria gegen die Brust. Sie taumelte, verlor das Gleichgewicht, stürzte zu Boden und schlug hart mit dem Kopf auf. Ein dünner Blutfaden rann aus ihrem Mundwinkel, breitete sich langsam auf dem glänzenden Boden aus und bildete eine kleine, sich ausdehnende Lache.

4

Ripley stand reglos da. Die Stille wurde nur durch das leise Atmen des Kindes unterbrochen. «Jesus», murmelte er erschrocken. Seine Gedanken wirbelten durcheinander. Ein Plan begann sich in seinem Kopf zu formen. Er musste fliehen, das war der einzige Ausweg. Und zur Tarnung würde er Jesus mitnehmen.

Vorsichtig hob er das schlafende Kind hoch und legte es in eine Reisetasche. Seine Hände zitterten leicht. War es Angst? Waren es Schuldgefühle? Er wusste es nicht. Er trat hinaus in die kühle Nachtluft und warf einen letzten sehnsüchtigen Blick auf die prachtvolle Villa. Dann stieg er in seinen Wagen.

Nach einigen Kilometern überkam ihn die Verzweiflung. «Was habe ich getan?», fragte er sich leise, während er den Wagen durch die verlassenen Straßen lenkte.

Die Jahre vergingen seit jener entscheidenden Nacht. Ripley und der junge Jesus lebten im Schatten, immer in Bewegung, immer auf der Hut vor den Geistern der Vergangenheit. In dieser Zeit formte Ripley den jungen Jesus nach seinem Bilde. Er lehrte ihn die Kunst der Täuschung, die Raffinesse der Lüge. Doch je mehr er den Jungen unterrichtete, desto mehr erkannte er in ihm das, was er selbst nie sein konnte – echt, rein, unverdorben. Jesus, der Inbegriff der Unschuld, stand im Gegensatz zu Ripleys Natur, und mit der Zeit wurden seine Fragen tiefer, seine Blicke durchdringender.

Eines Morgens fand Ripley das Zimmer ihrer Unterkunft leer vor. Jesus, inzwischen ein junger Mann, war ohne ihn weitergezogen. Ein Gefühl des Verlustes überkam ihn, eine tiefe Leere breitete sich in ihm aus.

Im Dorf hörte er, die Polizei habe angefangen, Fragen zu stellen. Fragen nach ihm, nach einem jungen Elternpaar, das vor einigen

Jahren spurlos in einem benachbarten Ort verschwunden war. Als klar wurde, dass die Polizei wiederkommen würde, diesmal mit einem Haftbefehl, verspürte Ripley ein überwältigendes Gefühl der Angst. Er wusste, dass es wieder Zeit war zu verschwinden. Er packte seine wenigen Habseligkeiten und warf einen letzten Blick in den leeren Raum. «Es tut mir leid», flüsterte er, obwohl ihn niemand hören konnte. Dann ging er zum Hafen.

Auf dem Schiff nach Athen stand Ripley allein an Deck und dachte über sein Leben nach. Vielleicht würde er diesmal gefasst werden. Vielleicht war die Reise für ihn zu Ende.

Er dachte an Jesus, an die vielen Gesichter, die er im Laufe der Jahre angenommen hatte, an die vielen Leben, die er gelebt hatte. In den Nachrichten hatte er von einem charismatischen Redner in Frankreich gehört. Ein bekannter Motivationstrainer und Lebensberater, der mit seinen Achtsamkeitstrainings und Seminaren über positives Denken ganze Säle füllte. «Jesus», dachte er mit einem Anflug von Stolz und Wehmut, als er ein Bild dieses Mannes sah. «Du hast gefunden, wonach ich immer gesucht habe.»

Er lehnte sich an die Reling, spürte den kühlen Wind und blickte aufs offene Meer hinaus. In diesem Moment wurde ihm bewusst, wie sehr er sich verändert hatte. «Vielleicht», flüsterte er in den salzigen Wind, «ist es an der Zeit, Tom Ripley endlich hinter mir zu lassen.»

Patricia Highsmith (1921–1995) war eine amerikanische Schriftstellerin, die vor allem durch ihre Kriminalromane bekannt wurde. Ihre Romane zeichnen sich durch psychologische Tiefe, Spannung und moralische Ambivalenz aus.

Ihre Figuren sind oft Außenseiter, die zu Mördern werden. Ihr wohl bekanntestes Werk ist «Der talentierte Mr. Ripley» aus dem Jahr 1955, das bis heute verkauft und mehrfach verfilmt wurde.

Sophie Kinsella: Ich bin schwanger, Liebling!

1

Die Modedesignerin Maria Moreno stand im winzigen Badezimmer ihres ebenso winzigen Apartments in Brooklyn und starrte ungläubig auf den Schwangerschaftstest in ihrer Hand. «Positiv», flüsterte sie. «Das kann doch nicht wahr sein.» Sie ließ sich auf den geschlossenen Toilettendeckel fallen, der Test rutschte ihr aus der Hand und landete auf den Fliesen. Was sollte sie Joe sagen? Wie sollte sie ihm das Unerklärliche erklären?

Joe, ihr Freund, Mitbewohner und Seelenverwandter in allen Lebenslagen, stand kurz vor seinem Durchbruch als Architekt. Sie hatten gemeinsame Pläne und Träume, aber ein Baby … Ein Baby gehörte definitiv nicht zu diesen Plänen. Zumindest noch nicht. Sie hatten noch nicht einmal Sex gehabt. Auch wenn alle anderen darüber den Kopf schüttelten, sie wollten es in ihrer Beziehung bewusst langsam angehen. Vielleicht stimmte etwas nicht mit dem Test? Zur Sicherheit besorgte sich Maria im Drugstore gegenüber noch zwei weitere – immer mit demselben Ergebnis. Wie sollte sie das nur Joe beibringen? Sie verstand ja selbst nicht, wie es möglich war.

Ein paar Stunden später betrat Maria ihr Lieblingscafé. Es war ein gemütlicher kleiner Ort voller Bücher und mit dem besten Cappuccino in ganz New York. Und es war der Ort, an dem sie und Joe sich kennengelernt hatten. Hier wollte Maria ihm die beängstigende Nachricht überbringen.

Joe trat ein und setzte sich zu ihr. «Was ist los, Maria?»

Maria schluckte schwer, ihre Hände zitterten leicht.

«Joe, ich muss dir etwas Wichtiges sagen», begann Maria. «Joe, ich ... wir ...», sie stockte, «ich bin schwanger, aber ich habe ... Ich bin immer noch ...» Sie suchte nach passenden Worten. «Ich hatte nichts. Mit niemandem! Das musst du mir glauben!»

Für einen Moment schien die Zeit stillzustehen. Joe starrte sie fassungslos an.

«Maria, das ... das ergibt keinen Sinn», sagte Joe schließlich. «Du bist schwanger? Wie kann das sein, ohne ...»

Maria unterbrach ihn verzweifelt. «Ich weiß, wie verrückt sich das anhört, Joe. Aber so glaube mir doch, es ist die Wahrheit!»

Joe lehnte sich zurück, seine Gedanken überschlugen sich, und Schatten des Zweifels legten sich auf sein Gesicht. Auch wenn es nicht zu ihr passte: Marie musste ihn betrogen haben! Sollte er sie verlassen?

Aber so schnell, wie dieser Zweifel gekommen war, war er auch wieder verschwunden. Joe atmete tief durch, und als er wieder sprach, klang seine Stimme ruhig und bestimmt.

«Maria, ich kann nicht behaupten, dass ich das alles verstehe. Aber es ist mir schlicht egal.» Er griff ihre Hand. «Denn du bist mir nicht egal. Dieses Kind ... unser Kind ... Ich werde es lieben und unterstützen, als wäre es mein eigenes.»

«Aber unsere Träume, unser Leben, unsere kleine Wohnung?», fragte Maria unsicher.

«Maria, wir haben jetzt einen neuen Traum», antwortete Joe, und spätestens jetzt wusste Maria, dass sie ihn liebte.

Bevor sie weiterreden konnten, platzte Gabriela, Marias beste Freundin seit den gemeinsamen Collegezeiten, ins Café. «Ihr werdet es nicht glauben!», rief sie, ohne die aufgeladene Atmosphäre zwischen Maria und Joe zu bemerken.

«Gabriela, wir haben auch etwas zu sagen», unterbrach Maria sie.

«Ja, ich weiß! Du bist schwanger!», brach es aus Gabriela heraus. Maria und Joe starrten sie verblüfft an. «Woher weißt du das?», stammelte Maria.

Gabriela winkte ab. «Intuition, meine Liebe. Und glaubt mir, dieses Kind wird die Welt verändern!»

Obwohl ihnen nicht danach zumute war, mussten Maria und Joe lachen. Hinter vorgehaltener Hand war nicht umsonst vom «Orakel von Gabriela» die Rede.

2

Maria konnte es nicht fassen. Das war der Moment, von dem sie immer geträumt hatte. Als sie den cremefarbenen Umschlag mit der eleganten Schrift öffnete, zitterten ihre Hände so sehr, dass sie beinahe das beigefügte goldene Ticket zerrissen hätte. «Herzlichen Glückwunsch», stand dort in geschwungenen Lettern, «wir freuen uns, Sie zur Teilnahme an der New York Fashion Week einzuladen.» Maria musste zweimal lesen, bevor sie realisierte, dass dies kein Scherz war. Sie, Maria Moreno, eine noch relativ unbekannte Designerin aus einem bescheidenen Mietshaus in Brooklyn, war eingeladen worden, ihre Kollektion auf einer der prestigeträchtigsten Modenschauen der Welt zu präsentieren.

Während Maria noch versuchte, ihren Triumph mit einer Tafel Schokolade zu feiern – auf die Flasche Schaumwein, die sie sonst aufgemacht hätte, verzichtete sie angesichts ihrer fortgeschrittenen Schwangerschaft –, ahnte sie bereits, dass sich nicht alle mit ihr freuen würden. Vor allem eine Person würde sicherlich alles andere als begeistert reagieren: Harry Dobson, ihr ehemaliger Chef und selbst ernannter Modezar, der Mann mit dem größten Ego aller Zeiten.

Harry Dobson war in der Modewelt bekannt für sein untrügliches Gespür für Trends und – leider für Maria – auch für seinen nachtragenden Charakter. Als Maria beschloss, ihren eigenen Weg zu gehen, empfand Harry das als persönlichen Verrat. «Du wirst ohne mich untergehen, meine Liebe», hatte er mit einem Lächeln gesagt, das eher einem Knurren glich. «In diesem Geschäft überlebt man nicht ohne Beziehungen, und glaub mir, ich habe sie, und du hast sie nicht.»

Schnell schüttelte Maria die negativen Gedanken ab. Dies war ihre Chance, und sie würde sie nutzen, koste es, was es wolle. Mit oder ohne Harry Dobsons Segen. Sie hatte hart gearbeitet, und jetzt war ihre Zeit gekommen. Die New York Fashion Week wartete auf sie, und sie war bereit, die Welt zu erobern, Schwangerschaft hin oder her.

Akribisch bereitete sie alles für ihren großen Tag vor. Aufgrund der frühen Startzeit der Show und um sich auf einen reibungslosen Ablauf konzentrieren zu können, entschied sie sich, ein Hotel in Manhattan zu buchen. Das würde ihr ermöglichen, in der Nähe des Veranstaltungsortes zu sein und sich ganz auf ihre Präsentation zu konzentrieren, ohne den Stress des Pendelns. Doch als sie im Hotel einchecken wollten, erwartete sie eine böse Überraschung.

3

«Wie bitte? Keine Zimmer?», wiederholte Maria ungläubig. Der junge Mann an der Rezeption nickte bedauernd. «Es tut mir leid, aber Ihre Zimmer wurde leider wegen Überbuchung anderweitig vergeben. Alle Hotels in Manhattan sind wegen der Fashion Week ausgebucht.»

Doch bevor Panik ausbrechen konnte, zückte Gabriela ihr Handy. «Ich kenne jemanden, der uns vielleicht weiterhelfen kann», sagte sie, scrollte durch ihre Kontakte und wählte dann schnell eine Nummer.

«Hallo, Alex, hier ist Gabriela. Ja, genau, die Gabriela. Ich bin mit zwei Freunden in der Stadt, und wir haben ein kleines, winziges, fast unbedeutendes Problem mit unserer Unterkunft. Hast du zufällig Platz für drei gestrandete Seelen?», fragte sie mit ansteckendem Optimismus. Nach einer kurzen Pause, die Maria wie eine Ewigkeit vorkam, leuchteten Gabrielas Augen auf. «Wirklich? Das ist ja toll! Ja, wir kommen sofort.»

Sie erklärte, dass Alex alias @StylishStarGazer, ein bekannter Modefotograf und einer ihrer Instagram-Follower, ihnen angeboten hatte, die Nacht in seinem Loft zu verbringen. Er hatte Marias aufstrebende Karriere mit Interesse verfolgt und bot nun großzügig seine Hilfe an.

Sie nahmen sich ein Uber und waren wenige Minuten später dort.

«Willkommen in meinem bescheidenen Heim», begrüßte Alex sie, wobei bescheiden das falsche Wort war. Das Loft bot einen atemberaubenden Blick über den Central Park, und die Einrichtung strahlte einen eleganten Luxus aus.

Bei einem Drink, der in Marias Fall alkoholfrei ausfiel, ließ sich Alex die aufregenden Nachrichten erzählen. Gebannt hörte er zu, sein Interesse war geweckt, nicht nur an ihrer Geschichte, sondern auch an Gabriela, deren Lachen und Energie ihn sichtlich faszinierten. Alex versprach, ihnen bei den Vorbereitungen für die Modenschau zu helfen. Im Laufe des Abends kamen sich Gabriela und Alex immer näher – dass die Chemie zwischen ihnen stimmte, war offensichtlich.

4

Am nächsten Morgen machten sich Maria, Joe, Gabriela und Alex auf den Weg zur Modenschau. Die Energie der Gruppe war ansteckend, ihr Optimismus unerschütterlich. Zwischendurch warfen sich Gabriela und Alex immer wieder versteckte Blicke zu.

Als sie sich der Location näherten, erblickten sie einen riesigen Stern, der hoch über Manhattan leuchtete, fast so, als wäre er extra für Maria dort angebracht worden. Josef nahm Marias Hand, als sie gemeinsam zum Stern aufblickten. «Ein gutes Omen», sagte er, und für einen kurzen Moment vergaß Maria alles um sich herum – die kühle Morgenluft, die Hektik der Vorbereitungen, sogar die Tatsache, dass sie in weniger als einer Stunde die Modewelt umhauen mussten.

In der Halle herrschte das übliche kreative Chaos. Designer, Models und Pressevertreter wuselten durcheinander, jeder in seiner kleinen Welt der letzten Vorbereitungen gefangen. Doch als Maria und ihre Entourage eintraten, änderte sich die Atmosphäre schlagartig. Köpfe drehten sich in ihre Richtung, ein Raunen ging durch die Menge. Die Geschichte von Marias kometenhaftem Aufstieg hatte sich wie ein Lauffeuer verbreitet. Und dass sie hier nun, noch dazu hochschwanger, ihre Kollektion vorstellen sollte, ließ die Gerüchtewelt vibrieren.

Während Maria sich auf ihre Präsentation vorbereitete, fand Gabriela einen ruhigen Moment mit Alex. «Egal, was heute passiert, ich will dich wiedersehen», gestand Alex. Gabriela nickte. «Ich dich auch», erwiderte sie.

Der große Harry Dobson, der selbstverständlich, von seiner Entourage umgeben, auch in der Halle war, fühlte indes eine unerklärliche Unruhe in sich, als er dem Treiben vom anderen Ende des Raumes zusah. Seine Pläne, Maria zu bekämpfen, erschienen ihm plötzlich kleinlich und unbedeutend angesichts der positiven Energie, die sie umgab. Zum ersten Mal in seinem Leben fragte sich der mächtige Modezar, ob er nicht auf der falschen Seite der Geschichte stand.

5

Als das Licht ausging und die Musik einsetzte, begann die Show. Marias Kreationen waren atemberaubend, eine Hommage an die Schönheit des Unvollkommenen und das Wunderbare im Alltäglichen. Mit jedem Outfit, das präsentiert wurde, stieg die Stimmung im Saal, die Skepsis wich und machte purer Begeisterung Platz.

Maria blickte in die Gesichter der applaudierenden Menschen und spürte eine tiefe Verbindung zu jedem einzelnen. Es war, als hätte ihr Weg, ihre Geschichte eine Saite in den Herzen der Anwesenden zum Klingen gebracht.

Nachdem die Standing Ovations abgeklungen waren, ging Harry Dobson euphorisch auf Maria zu. Zu ihrer Überraschung bot er ihr seine Entschuldigung und Anerkennung an. «Ich muss zugeben, dass ich mich geirrt habe», sagte er mit seltener Aufrichtigkeit. «Dieser Abend war spektakulär. Es wäre mir eine Ehre, wenn du wieder mit mir zusammenarbeiten würdest.»

Maria war verblüfft. Die Wendung der Ereignisse, die Versöhnung mit Harry Dobson, war das letzte Wunder dieses magischen Abends. «Ich werde darüber nachdenken», antwortete sie, obwohl sie wusste, dass dies für sie nicht mehr in Frage kam. Sie hatte sich endgültig freigeschwommen.

Die Gruppe zog sich in ihr vorübergehendes Zuhause, das Loft, zurück, um weiterzufeiern, doch nach wenigen Stunden platzte bei Maria die Fruchtblase. Auf einmal ging alles rasend schnell, und es war klar, dass es eine Hausgeburt werden würde. Umgeben von ihren treuen Freunden, brachte Maria ihr Kind zur Welt. Es war ein Moment purer Liebe und unbeschreiblicher Freude.

Plötzlich durchbrach das Türklingeln die Stille des anbrechenden Morgens. Drei elegante Frauen betraten das Loft, jede von ihnen eine bekannte Persönlichkeit in der Welt der Modeblogger. Lila, Mira und Zoe waren bekannt für ihren einzigartigen Stil und ihren Einfluss in der Modebranche. Und sie waren Marias beste Freundinnen. Maria war erst überrascht – woher wussten sie von der Geburt? Doch mit einem Blick auf Alex alias @StylishStarGazer war ihr schnell klar, wer auf Instagram ein Reel gepostet hatte, um allen die frohe Nachricht zu überbringen.

Lila überreichte Maria nun ein kleines, exquisit verpacktes Päckchen. «Von mir erhältst du das Geschenk der Inspiration», sagte sie. Das Päckchen enthielt ein seltenes Vintage-Modebuch, gefüllt mit Skizzen der größten Modeschöpfer der Geschichte.

Mira folgte. «Ich bringe dir etwas Natürliches», sagte sie und überreichte Maria ein Set aus organischen und umweltfreundlichen Stoffen. «Damit deine Kreationen nicht nur schön, sondern auch gut für unseren Planeten sind.»

Zuletzt trat Zoe nach vorn und überreichte Maria das neueste Handy ihres Kooperationspartners. «Damit du deine Kreationen mit der Welt teilen und eine Community rund um deine Marke aufbauen kannst.»

Maria war überwältigt von dem Einfallsreichtum und der Großzügigkeit ihrer Freundinnen und fühlte sich gesegneter denn je.

Die Zeit verflog, und aus dem kleinen Wunder in Marias Armen wuchs ein junger Mann namens Jesus heran, der mit derselben Entschlossenheit und Leidenschaft, die seine Mutter einst angetrieben hatte, seinen eigenen Weg ging. Jesus fand früh seine Berufung in der Verbindung von Tradition und Moderne. Er beschloss, Gutes zu tun, allerdings mit einem modernen Twist, der perfekt ins digitale Zeitalter passt.

Überzeugt davon, dass man im Zeitalter der sozialen Medien groß denken muss, startete er eine Reihe von YouTube-Challenges. Diese sollten den Teilnehmern nicht nur helfen, sondern einige von ihnen buchstäblich über Nacht zu Millionären machen – alles im Geiste der Nächstenliebe.

Eine seiner bekanntesten Aktionen war die «Wasser in Wein»-Challenge. Dabei mussten die Teilnehmer eine einfache Wasserflasche so lange wie möglich in der Luft halten. Der Preis war ein eigenes Weingut in Frankreich.

In einer anderen Challenge forderte er seine Zuschauer auf, mit Unterstützung einer großen Fast-Food-Kette eine Pizza mit so vielen Obdachlosen wie möglich zu teilen.

Doch in einer seiner kühnsten Aktionen initiierte Jesus die Herausforderung «Letzte Hand an den Lamborghini». Mitten im Herzen der Stadt platzierte er einen glänzenden, nagelneuen Lamborghini, umringt von einer erwartungsvollen und skeptischen Menge.

«Meine Lieben», begann Jesus und breitete die Arme aus, «es ist Zeit, an Wunder zu glauben. Derjenige von euch, der Glauben und Ausdauer zeigt, indem er als Letzter seine Hand vom Auto nimmt, darf es behalten.»

Die Spannung in der Luft war greifbar, als Menschen aus allen

Schichten zusammenkamen, um ihr Glück zu versuchen. Tage und Nächte vergingen, während Jesus, unterstützt von seinen zwölf Youtube-Moderatoren, Trost spendete und die Teilnehmer mit Energydrinks und Energieriegeln versorgte.

Als schließlich nur noch eine einzige Person ihre Hand an den glänzenden Wagen legte, war der Jubel bei der jungen Frau gewaltig.

«Siehst du», sagte Jesus leise, «manchmal müssen wir nur die Hand ausstrecken und das festhalten, was wir wollen, um unsere Träume zu verwirklichen.» Er hielt inne und ließ seinen Blick über die versammelte Menge schweifen, die auf seine nächsten Worte wartete.

Mit einem verschmitzten Lächeln, das seine innere Wärme und das Geheimnisvolle, für das er bekannt war, widerspiegelte, und während jede Kamera auf ihn gerichtet war, sagte er: «Aber manchmal ist das Schicksal auch ein Biest, und, ja manchmal bin auch ich ein ganz schönes Biest.» Lachend fügte er hinzu: «Wisst ihr was? Nennt mich nicht mehr Jesus, nennt mich Mister Biest!»

Sophie Kinsella, eigentlich Madeleine Wickham (***1969**), ist eine britische Autorin von Frauenromanen. Ihre Bücher zeichnen sich durch einen leichten, witzigen Erzählstil und charmante Charaktere aus. Sie wurden weltweit millionenfach verkauft und in über 40 Sprachen übersetzt.

Mr. Beast, eigentlich James «Jimmy» Stephen Donaldson (*1998), ist der erfolgreichste Youtuber der Welt, der für seine spektakulären «Challenges» bekannt ist, für die er große Summen auslobt.

Joachim Ringelnatz: Der Stall

In Bethlehem, nicht weit vom Tor,
Stand ein Stall, prahlte empor:
«Bei mir drin, in dieser Nacht,
Ist der Gott der Welt erwacht!»
Er rühmte sich, erzählte es laut,
Dass bei ihm das Wunder erbaut.
«Könige kamen, Engel sangen hier,
Ich bin der Ort, das sag' ich Dir!»
Die Tiere lauschten dem Schwall,
«Was bildet er sich ein, der Stall?»
Alle schüttelten den Kopf,
«Bald hebt er ab, der Tropf!»
Doch der Stall, er hörte nicht hin,
Fühlte sich voller Stolz und Sinn.
«Ich bin der Ort, wo Wunder gescheh'n,
Wo Sterne leuchten und Winde weh'n.»
Jahre vergingen, er wurde alt,
Das Holz verwittert, der Ruhm verhallt.
Und dann, in einer stillen Nacht,
Wurd er zum Airb 'n' b gemacht.

Joachim Ringelnatz (1883–1934), eigentlich Hans Gustav Bötticher, war ein deutscher Schriftsteller, Kabarettist und Maler. Er ist vor allem für seine humorvollen und oft skurrilen Gedichte bekannt, die das Leben aus einer ungewöhnlichen Perspektive betrachten. Seine Verse sind geprägt von Wortspielen, Überraschungen und einer tiefen Liebe zur Sprache.

George Orwell: 0000

Kapitel 1

Maria und Josef zogen durch die Gassen einer Stadt, die ihnen mehr wie ein Gefängnis als wie eine Heimat vorkam. Monolithischen Wächtern gleich ragten die Gebäude in die Höhe, grau und erdrückend. Ihre Fenster starrten wie tote Augen auf die menschenleeren Straßen. Ein eisiger Wind strich fast unmerklich über die verfallenen Mauern, an denen Plakate klebten, die das Gesicht eines Mannes mit durchdringenden, allwissenden Augen zeigten. Sein Blick schien jeden Winkel zu durchdringen, als würde er über die Gedanken und Taten der Passanten wachen, die eilig und mit gesenkten Köpfen vorbeieilten.

Josefs Stimme zitterte. «Der Große Bruder sieht dich», las er vor.

Die Luft war erfüllt von einem ständigen Summen, das von den unzähligen Apparaten ausging, die an jeder Straßenecke aufgestellt waren. Die Televisor-Maschinen, jene allgegenwärtigen Hörsehschirme, waren wie unaufhörlich plappernde Zeugen der Parteidoktrin, die unentwegt ihre Propaganda in die Luft schleuderten: «Glaube ist Gehorsam. Liebe ist Pflicht. Hoffnung ist Kontrolle.» In den Pausen wurde immer wieder auf die tägliche Meldepflicht hingewiesen.

«Wir dürfen keine Fehler machen. Wir müssen uns bei Minikon, dem Ministerium für Konformität, melden», flüsterte Josef. «Sonst werden wir als Staatsverräter verfolgt.» In dieser Welt der endlosen Überwachung konnte schon die kleinste Verfehlung das Todesurteil bedeuten. Hier, in den Fängen der allgegenwärtigen Partei, barg jeder Schatten eine drohende Gefahr.

Schließlich fanden sie das Meldeamt in einem kahlen, unpersönlichen Gebäude, das sich mächtig über die Silhouette der Stadt erhob. Im Inneren war nichts zu hören, außer dem monotonen Klappern der Schreibmaschinen und dem leisen Murmeln von Stimmen.

Ein uniformierter Beamter kam auf sie zu. «Name und Zweck?», fragte er mit kalter, schnarrender Stimme.

Josef nannte ihre Namen und erklärte, dass sie neu in der Stadt seien und Arbeit suchten. Der Beamte tippte ihre Daten in eine Maschine ein, die an einen der Hörsehschirme angeschlossen war.

«Ihr Aufenthaltsort und Ihre Aktivitäten werden ständig überwacht. Sie dürfen sich nur in diesem Teil Ozeaniens aufhalten. Zuwiderhandlungen werden streng geahndet», erklärte der Beamte mit monotoner Stimme.

Maria und Josef nickten, ein kalter Schauer lief ihnen über den Rücken. Sie erhielten eine Identifikationsnummer und wurden angewiesen, sich täglich zu melden.

Als sie das Gebäude verließen, wurde ihnen die Fremdheit dieser neuen Welt noch bewusster. Sie waren nun Teil eines Systems, das sie nicht verstanden, eines Systems ohne Gnade.

Kapitel 2

In den verwinkelten Gassen trafen Maria und Josef auf einen Mann, der ebenso verloren wirkte wie sie. Der Mann musterte sie. «Sie sind nicht von hier», seine Stimme war heiser von der kalten Luft. «Sie sehen aus, als kämen Sie aus einer anderen Zeit.»

Josef nickte zögernd. «Sind wir tatsächlich so leicht zu erkennen?», fragte er.

Der Mann zögerte kurz, dann nickte er. «Mein Name ist Stern. Gabriel Stern. Kommen Sie, wir können uns hier draußen nicht unterhalten. Die Teleschirme sind überall.»

Mit zögernden Schritten folgten sie ihm in seine Wohnung, verborgen im Schatten des Elendsviertels, wo die Proles in vergessener Stille lebten. Selbst in der vermeintlichen Sicherheit seiner eigenen vier Wände blickte Stern sich um, als würde er nach unsichtbaren Lauschern Ausschau halten, bevor er weitersprach.

«In Ozeanien gibt es keine Privatsphäre, allenfalls die Illusion davon. Der Große Bruder sieht alles», erklärte er mit einem bitteren Unterton in der Stimme.

Maria schauderte. «Der große Bruder? Ist das der Mann auf den Plakaten?»

«Ja. Er ist der Ewige Wächter, das unbarmherzige Auge der Partei», antwortete Stern düster.

Josef runzelte die Stirn. «Und was hat es mit diesem Neusprech auf sich, von dem auf den Teleschirmen die Rede ist? Was bedeutet das?»

Stern nickte langsam, sein Blick verfinsterte sich, als er in die Tiefen seiner Erinnerungen eintauchte. «In den Tagen meiner Lehrtätigkeit an der Universität, in jener kurzen Epoche der Freiheit vor der erdrückenden Machtübernahme durch die Partei, wurde ich Zeuge des erschreckenden Aufkommens von Neusprech», begann er mit leiser, nachdenklicher Stimme zu erzählen. «Neusprech», fuhr Stern fort, «ist das Schwert und das Schild der Partei – eine Sprache, die geschaffen wurde, um unsere Worte zu zensieren und unsere Gedanken zu versklaven.»

Maria sah ihn besorgt an. «Verändert es auch die Art, wie die Menschen fühlen?»

Stern nickte ernst. «Im Neusprech wird zum Beispiel ‹Glaube› zu ‹Besserglaub› umgewandelt, was eine blinde Akzeptanz der Parteidoktrin bedeutet, nicht den Glauben an etwas Höheres. Und aus Liebe wird ‹Besserlieb›, was jede persönliche Bindung auslöscht und sie in eine Pflicht gegenüber der Partei verwandelt.»

Josef schüttelte den Kopf. «Und Hoffnung?»

«Hoffnung wird zu ‹Besserhoff›», fuhr Stern fort. «Es eliminiert die Vision der Zukunft und ersetzt sie durch die Erwartung, die die Partei vorschreibt.»

Maria presste die Hände fest zusammen. «Das klingt so ... entmenschlichend.»

Stern seufzte tief. «Genau das ist es. Im Neusprech werden jede Tiefe und Mehrdeutigkeit der Sprache abgeschliffen, Worte werden zu Werkzeugen der Kontrolle und Manipulation. Es schränkt das Spektrum menschlichen Denkens ein.»

Josef hörte nachdenklich zu. «Es ist also mehr als nur eine Sprache», murmelte er.

«Genau», bestätigte Stern. «Neusprech ist das ultimative Instrument der Partei, um den Widerstand nicht nur zu unterdrücken, sondern auch unmöglich zu machen. Indem man die Sprache verändert, verändert man die Art und Weise, wie die Menschen denken und fühlen können.»

Maria fasste sich ein Herz. «Aber gibt es denn keinen Ausweg aus diesem System? Keinen Funken Hoffnung?»

Stern sah sie an. «Vielleicht», sagte er leise und blickte auf Marias Bauch. «Vielleicht sind es gerade Fremde wie ihr, die ...» Seine Stimme brach ab.

In diesem Moment begriffen Maria und Josef, dass ihre Reise mehr als nur eine Flucht war. Vielleicht waren sie die Funken, die ein Feuer der Hoffnung entfachen konnten.

Kapitel 3

Mit dem ersten fahlen Licht des Morgens wurde die Ruhe in Gabriel Sterns Wohnung jäh unterbrochen. Ein lautes Klopfen hallte durch den Raum.

«Wer ist da?», rief Stern.

«Die Gedankenpolizei. Sofort aufmachen!», kam die Antwort. Maria und Josef erstarrten.

Stern deutete stumm auf einen Schrank. Sie verstanden sofort und schlüpften zwischen den dicht gehängten Kleidern hindurch. Durch einen schmalen Spalt sahen sie, wie die Wohnungstür mit Gewalt aufgebrochen wurde und zwei Gestalten in den schwarzen Uniformen der Gedankenpolizei ins Zimmer stürmten.

«Wir haben Hinweise auf die Anwesenheit von Personen, die in diesem Bezirk nicht gemeldet sind», erklärte einer der Beamten, während er systematisch Sterns Wohnung durchsuchte.

Die Polizisten näherten sich bedrohlich dem Schrank. Marias Herz klopfte so heftig, dass sie fürchtete, es würde sie verraten, doch sie blieben unbemerkt.

Nach quälend langen Minuten zogen sich die Beamten endlich zurück. Stern öffnete die Schranktür, und die beiden kamen aus ihrem Versteck. «Schnell weg hier», flüsterte Stern. «In Ozeanien wird jedes neue Leben, das nicht von der Partei kontrolliert wird, als Bedrohung angesehen.»

Als Maria und Josef die Wohnung von Gabriel Stern verließen, wurde ihnen klar, dass das Leben in Marias Bauch mehr war als nur ein neues Wesen. Es war ein Zeichen des Widerstands gegen die Unterdrückung.

Aber mit der Hoffnung kam auch das Risiko. Die Gedankenpolizei würde nicht ruhen, bis sie jeden aufgespürt hatte, der es wagte, sich den unerbittlichen Regeln der Partei zu widersetzen.

Maria und Josef mussten dringend einen sicheren Ort finden, nicht nur für sich selbst, sondern auch für das Kind, das den Keim einer neuen Zukunft in sich trug.

Kapitel 4

Stern führte Maria und Josef durch die dunklen Gassen, vorbei an den allgegenwärtigen Teleschirmen, deren Überwachung in den ärmeren Vierteln weniger intensiv war. Schließlich erreichten sie ein verlassenes Gebäude. Sie betraten das Haus, und Stern zeigte ihnen den Weg in seine konspirative Wohnung. Alles wirkte verlassen und vergessen, von der Zeit überholt. Die Räume waren karg und staubig, mit verblassten Tapeten und knarrenden Dielen, aber sie boten zumindest vorübergehend Schutz.

«Hier seid ihr sicher», sagte Stern und zog die Vorhänge zu, um das Paar vor den Augen der versteckten Kameras zu verbergen. «Die Gedankenpolizei kommt nur selten in diese Gegend. Aber vergesst nicht: In Ozeanien ist jedes nicht registrierte Leben ein Risiko. Jede Geburt wird überwacht, jedes Kind von Anfang an vom Staat geformt. In der Welt des Großen Bruders gibt es keine Freiheit, nur Gehorsam.»

Josef sah Maria an. «Was auch immer es kostet, wir werden unser Kind beschützen.»

Stern nickte langsam. «Eure Entschlossenheit ist bewundernswert, doch die Herausforderung ist groß. Ihr werdet nicht nur gegen die Partei kämpfen, sondern gegen ein ganzes System.»

«Wir werden unseren Sohn in einer Welt großziehen, in der er frei denken und fühlen kann», sagte Maria mit entschlossenem Blick. «Und wir werden alles tun, um diese neue Wirklichkeit zu schaffen.»

Stern sah sie an, und in seinen Augen lag etwas, das er längst verloren geglaubt hatte: ein Hoffnungsschimmer in der Dunkelheit Ozeaniens.

Kapitel 5

In der kalten Morgendämmerung, die kaum Licht in die verborgene Wohnung brachte, setzten bei Maria die Wehen ein. Stunden vergingen, erfüllt von Spannung und Erwartung, bis endlich mit dem ersten Schrei des Neugeborenen ein neues Leben die bedrückende Stille erfüllte.

Maria flüsterte leise, während sie das Kind in ihren Armen wiegte: «Er ist ein Lichtstrahl in unserer Finsternis.»

Neben ihr stand Josef und blickte liebevoll auf seinen Sohn. «Er wird in einer neuen, besseren Welt aufwachsen», sagte er mit fester Stimme. «In einer Welt, die frei ist von den Fesseln des Neusprech.»

Doch mit dem Kind kamen auch neue Gefahren. Sie konnten nicht lange an diesem Ort bleiben. Ein Kind, das außerhalb der Reichweite der Partei geboren wurde, war ein lebendes Symbol des Widerstands – und würde sicher bald Aufmerksamkeit auf sich ziehen.

Kapitel 6

Noch am selben Tag kamen drei unerwartete Besucher in die stille, verlassene Wohnung, jeder aus einem anderen Teil Ozeaniens. Sie gehörten zum Netzwerk der Bruderschaft, der Untergrundorganisation, die Stern leitete und die den Umsturz der

Regierung plante. Stern hatte ihnen von der Geburt des Kindes erzählt, dem ersten frei geborenen seit langer Zeit.

Einer der Besucher war ein ehemaliger Universitätsprofessor, der einst freies Denken gelehrt hatte, bevor es von der Partei unterdrückt wurde. Er brachte ein Buch mit – verbotene Literatur, ein Relikt aus vergangenen Tagen, sorgfältig vor den Augen der Partei verborgen.

Die zweite Besucherin war eine junge Frau, die heimlich malte, ihre Kunstwerke ein stiller Akt des Widerstands gegen die graue Uniformität Ozeaniens. Sie überreichte Maria ein kleines, einfaches Bild, das eine Landschaft jenseits der erdrückenden Mauern Ozeaniens zeigte.

Der dritte war ein Musiker, einst berühmt für seine ergreifenden Melodien, die nun verboten waren. Er hatte eine alte, abgenutzte Flöte mitgebracht, auf der er leise eine Weise spielte, die von Freiheit und vergessenen Zeiten erzählte.

Die Besucher sprachen kaum, aber ihre bloße Anwesenheit war eine stumme Ermutigung.

In den folgenden Jahren wuchsen Maria, Josef und das Kind, das sie Jesus nannten, im Schatten Ozeaniens auf. Eine Welt, die von ständiger Bewachung, von Geheimhaltung und Vorsicht geprägt war.

Als junger Mann begann Jesus, seine Rolle im Widerstand gegen das Regime zu finden. Er war kein lauter Revolutionär, der Reden hielt oder Parolen rief. Seine Welt waren die leisen Worte. Er sprach von Würde und Freiheit, von Liebe und Mitgefühl – Begriffe, die in der Welt des Großen Bruders fremd geworden waren.

Jesus traf sich mit kleinen Gruppen von Verschwörern in verlassenen Fabrikhallen und versteckten Kellern. Diese Treffen waren gefährlich, ständig drohte die Entdeckung durch die

Gedankenpolizei. Aber die Hoffnung, die Jesus verbreitete, war stärker als die Angst vor dem Regime.

Eines Tages, in der verborgenen Stille eines alten Lagerhauses, teilte er eine Geschichte mit einer Gruppe Gleichgesinnter, die ihre Herzen auf besondere Weise berührte. Es war die Geschichte eines Gärtners, der in einer Welt voller Unkraut eine Blume zum Blühen brachte. Diese einfache Parabel über das Wachsen und Gedeihen von Schönheit und Güte inmitten der Düsternis wurde schnell zu einem Symbol des Widerstands.

In den Jahren seines Wirkens als stiller Widerstandskämpfer wurde Jesus zu einer bekannten Figur in den Untergrundbewegungen Ozeaniens. Doch je bekannter er wurde, desto mehr wurden die Behörden auf ihn aufmerksam.

Eines Tages geschah das Unvermeidliche. Jemand hatte ihn verraten, die Gedankenpolizei stürmte das Zimmer, und Jesus wurde verhaftet. Maria und Josef, die das Geschehen aus sicherer Entfernung verfolgten, konnten nur hilflos zusehen, wie er abgeführt wurde.

Die nächsten Wochen waren ein einziger Albtraum. In den dunklen Kerkern des Regimes wurde Jesus immer wieder verhört und grausam gefoltert. Seine Peiniger wollten mehr als nur Informationen, sie wollten seinen Willen brechen und ihn zu einem gehorsamen Diener machen. Tag für Tag wurde er mit der unerbittlichen Lehre des Großen Bruders konfrontiert, mit der falschen Realität, die das Regime für ihn vorgesehen hatte.

Anfangs wehrte sich Jesus mit aller Kraft gegen die Indoktrination. Er klammerte sich an seine Ideale von Freiheit und Liebe, an seine Erinnerungen, an seine Gespräche und an die Menschen, die er inspiriert hatte. Doch mit der Zeit zeigten die ständigen Verhöre, die Isolation und die psychologische Manipulation ihre Wirkung. Sein Widerstand erlahmte, und er begann die Realität so zu akzeptieren, wie das Regime sie darstellte. Die Ideale von Freiheit und Wahrheit, für die er einst eingetreten war, erschienen ihm nun als Illusion. Er fühlte sich dem Menschen, der er einmal gewesen war, zutiefst entfremdet.

In einem letzten Akt der Unterwerfung verwandelte er sich in ein Werkzeug des Regimes. Gezeichnet von den Spuren der Folter und seelisch gebrochen, begann Jesus durch Ozeanien zu ziehen. Er wurde zum Sprachrohr des Großen Bruders und verbreitete die Botschaften der Partei, die er einst bekämpft hatte. In seinen Augen war nicht mehr der Funke des Widerstands zu sehen, sondern nur noch der stumpfe Ausdruck der Unterwerfung unter das System, das ihn besiegt hatte.

George Orwell (1903–1950) war ein britischer Schriftsteller, Essayist und Journalist, dessen Werk Kritik an Totalitarismus, Imperialismus und sozialer Ungerechtigkeit übt. Er ist am bekanntesten für seine dystopischen Romane «1984» und «Farm der Tiere», die bis heute als scharfsinnige Analysen von Machtmissbrauch und Manipulation gelten. Seine Sprachschöpfung «Big Brother» hat sich als Begriff für Überwachung durchgesetzt.

Astrid Lindgren:
Pippi und der kleine Jesus

Kapitel 1: Pippi und die unerwartete Begegnung

Die Sonne schien, und Pippi hatte beschlossen, dass dies der perfekte Tag sei, um aufs Dach zu steigen und die Welt von oben zu betrachten.

Sie ließ ihren Blick in den endlosen Himmel schweifen. Ich bin gespannt, welche Geschichten uns die Wolken heute erzählen, dachte sie und stellte sich vor, wie sich die Wolken in Drachen, Schlösser und Piratenschiffe verwandelten. «Schaut mal da oben! Ein Elefant auf einer Erdbeere!», rief sie aus, als ihr Blick auf eine besonders flauschige Wolke fiel.

Da kam Bürgermeister Olsson vorbei, ein Mann mit knallrotem Gesicht und rundem Bauch. Als er Pippi auf dem Dach sah, rief er: «Pippi Langstrumpf! Komm sofort runter! Das ist viel zu gefährlich!»

Aber Pippi rief zurück: «Ein bisschen Nervenkitzel macht das Leben doch lustig! Warum kommst du nicht hoch, Herr Bürgermeister? Ich zeig dir, wie man einen Kopfstand macht. Das ist gar nicht schwer!», antwortete Pippi und machte einen kühnen Salto.

In diesem Moment gingen Maria und Josef, ein Mann und eine Frau auf der Suche nach Ruhe, an der Villa Kunterbunt vorbei. «Wer seid ihr und was führt euch in unsere Stadt?», fragte der Bürgermeister mit hochgezogener Augenbraue.

«Wir sind Maria und Josef und suchen eine Unterkunft für die Nacht. Können Sie uns helfen?», antwortete die Frau mit leiser Stimme.

Der Bürgermeister schüttelte den Kopf. «Hier ist kein Platz für Fremde. Ihr müsst euch woanders eine Bleibe suchen!»

Bevor die beiden etwas erwidern konnten, landete Pippi mit einem eleganten Sprung vor dem Bürgermeister. «Halt, Bürgermeister Olsson! Die beiden könnten sicher eine warme Mahlzeit und ein weiches Bett gebrauchen. Sie können in meinem Gästezimmer schlafen!»

«Das geht nicht, Pippi. Du weißt doch, Regeln sind Regeln. Da kann man nichts machen. Es reicht ja schon, dass du ohne Eltern in der Villa Kunterbunt wohnst», antwortete der Bürgermeister.

Da lachte Pippi nur, packte den Bürgermeister und hob ihn hoch in die Luft. «Aber Herr Bürgermeister, manchmal machen keine Regeln das Leben erst bunt, oder? Sag einfach Ja, und alles wird gut!»

Maria und Josef rissen die Augen auf, als sie sahen, was das seltsame Mädchen mit den Sommersprossen und den abstehenden Zöpfen da mit dem Bürgermeister anstellte.

«Liebe Pippi», flehte der Bürgermeister und strampelte wild mit den Beinen. «Lass mich runter, und ich erfülle dir jeden Wunsch!»

«Einverstanden, aber nur, wenn Maria und Josef in der Villa Kunterbunt übernachten dürfen!»

Widerwillig nickte der Bürgermeister. «Na gut, aber nur für eine Nacht!»

Nachdem Pippi den Bürgermeister sanft abgesetzt hatte, begrüßten Pippis Pferd Kleiner Onkel und das Äffchen Herr Nilsson die neuen Gäste. Herr Nilsson kletterte auf Pippis Schulter, weil er von dort die beste Aussicht hatte, während Kleiner Onkel sanft auf Maria und Josef zuging und sie freundlich beschnupperte.

«Seht, auch Kleiner Onkel und Herr Nilsson heißen euch willkommen!», rief Pippi fröhlich.

Kapitel 2: Pippi organisiert ein Fest

Als die ersten Sonnenstrahlen durch die Fenster der Villa Kunterbunt fielen, wirbelte Pippi durch das Haus. «Raus aus den Federn,
ihr Schlafmützen!», rief sie laut und stürmte in das Zimmer, in
dem Maria und Josef schliefen. Mit einem Ruck riss sie die Vorhänge auf. Neben ihr zwei Kinder, deren Augen ebenso aufgeregt
und neugierig leuchteten. «Das sind Tommy und Annika», stellte
Pippi sie vor, «meine besten Freunde!»

Maria und Josef rieben sich müde die Augen.

«Jetzt steht endlich auf», rief Pippi und riss die Bettdecke beiseite. Maria, die sich langsam erhob, hielt sich die Hand über den
deutlich gerundeten Bauch, ein zartes Lächeln umspielte ihre
Lippen. Josef stand neben ihr und legte ihr behutsam den Arm
um die Schulter, um sie zu stützen.

Pippi bemerkte Marias Bauch. Ihre Augen weiteten sich vor
Überraschung und dann vor Freude. «Oh, da ist doch was Kleines
im Bauch!», rief sie aus, und ihr Gesicht strahlte. Sie hüpfte auf
und ab und klatschte in die Hände. «Wir müssen es Maria besonders gemütlich machen.»

Tommy und Annika nickten eifrig, beeindruckt von der Nachricht. «Können wir helfen?», fragte Annika mit aufgeregter Stimme.

«Natürlich», antwortete Pippi. «Wir brauchen viele Kissen und
Decken. Und dann feiern wir ein Fest», rief Pippi. «Ein riesiges
Willkommensfest für Maria, Josef und das Baby! Wir backen den
größten Kuchen der Welt und machen Zauberlimonade, die die
Farbe wechselt, wenn man sie trinkt!»

Pippi führte die kleine Gruppe aus dem Haus in den wilden
Garten der Villa Kunterbunt.

«Dies ist der allerbeste Ort für unser Fest», rief sie und breitete
ihre Arme aus, als wollte sie die ganze Welt umarmen.

«Seht nur, wie die Sonne die Blätter in goldenes Licht taucht!», schwärmte Annika, und Tommy pflichtete ihr bei: «Das sieht aus wie im Märchen!»

Josef und Maria folgten ihnen, noch etwas verschlafen, aber sichtlich berührt von der Schönheit des Gartens und Pippis unermüdlicher Energie.

«Aber jetzt», sagte Pippi, «ist es an der Zeit, dass wir uns einen Überblick über die Welt verschaffen.» Mit diesen Worten schwang sie sich auf ihre Stelzen – so hoch, dass sie fast die Baumwipfel berührte. «Heute erkunden wir die Welt von oben!»

Maria lächelte, ihre Augen leuchteten mit einer Mischung aus Bewunderung und einem Hauch von Sorge. «Das ist sehr lieb von dir, Pippi, aber wir haben noch unsere Schlafanzüge an. Und wir sind nicht so abenteuerlustig.»

«Keine Sorge!», antwortete Pippi. «Dann sind es jetzt eben Wachanzüge. Ein kleines Abenteuer hat noch niemandem geschadet. Aber zuerst zeige ich euch, wie man Fahrrad fährt. Das ist leichter, als ihr denkt!»

Als Pippi mit dem Fahrrad losfuhr, wurden Marias und Josefs Augen ganz groß vor Staunen. Wo sie herkamen, gab es so etwas nicht.

Pippi rief über die Schulter zurück: «Seht ihr, alles, was man braucht, ist ein bisschen Mut und den Willen, es auszuprobieren!»

Kapitel 3: Pippi und das Wunder der Geburt

In der folgenden Nacht, unter einem Himmel, der von leuchtenden Sternen wie von tausend kleinen Laternen erhellt war, geschah in der Villa Kunterbunt etwas ganz Wunderbares. Maria und Josef bekamen ihr Kind. Und obwohl kein Arzt und keine Hebamme zur Stelle waren, hatten die beiden die beste Hilfe, die man sich vorstellen konnte: Pippi, Herr Nilsson und sogar der Kleine Onkel waren zur Stelle.

Pippi war überall zugleich. Sie holte Wasser, tupfte Maria mit einem nassen Tuch die Stirn ab und sorgte dafür, dass es ihr gutging. «Keine Sorge», sagte sie lächelnd, «ich weiß, wie das geht! Ich habe schon bei Geburten auf der ganzen Welt geholfen, als ich noch mit meinem Papa, Kapitän Efraim Langstrumpf, dem Schrecken der Meere, zur See gefahren bin!»

Herr Nilsson, das kleine, flinke Äffchen, hatte eine ganz besondere Aufgabe. Er kletterte in den Garten und pflückte die schönsten Blumen, die er finden konnte. Seine kleinen Augen glänzten vor Aufregung und Stolz über seine wichtige Rolle.

Als der kleine Junge schließlich mit einem lauten Schrei das Licht der Welt erblickte, konnte Pippi ihr Glück kaum fassen. «Ein Baby! Ein richtiges, kleines Baby!», rief sie und klatschte vor Freude in die Hände. «Jetzt bin ich Tante Pippi!»

Auch Herr Nilsson schien zu begreifen, dass etwas ganz Besonderes geschehen war, und gab ein zufriedenes Quieken von sich, während Kleiner Onkel von draußen leise wieherte, als wollte auch er den neuen Erdenbürger begrüßen.

«Aus ihm wird der beste kleine Pirat der Welt! Oder ein Zirkusdirektor! Oder er entdeckt einmal einen großen Schatz!», prophezeite Pippi, während Maria und Josef müde, aber überglücklich ihren kleinen Jungen anlächelten. «Vielleicht wird er das alles, Pippi. Aber vor allem ist er unser großer Schatz», sagte Maria.

Pippi nickte eifrig. «Und ich werde die beste Tante der Welt sein! Ich werde ihm beibringen, auf den Händen zu laufen, Pfannkuchen in der Luft zu wenden und mit den Tieren zu sprechen!»

Als es an der Zeit war, einen Namen für den kleinen Jungen zu wählen, setzte sich Pippi auf einen umgestürzten Baumstamm und dachte nach.

«Bimbus, Lampus, Kaspus», murmelte sie vor sich hin, schüttelte aber jedes Mal den Kopf. «Zu gewöhnlich, zu einfach. Dieser kleine Kerl verdient etwas, das so einzigartig ist wie er selbst.»

«Trublus, Plimpus, Querkus», fuhr sie fort. «Glucksus, Fluffus, Noktus.»

Sie blickte in die funkelnden Augen des Babys, dann nach oben in den Himmel, als würde sie nach Inspiration suchen. «Jesus», verkündete sie schließlich mit einem Strahlen im Gesicht. «Natürlich! Wir nennen ihn Jesus. Warum bin ich da nicht gleich drauf gekommen?»

Kapitel 4: Pippi und der Besuch der drei Weisen

Wenige Tage später verbreitete sich die Nachricht, dass drei Könige aus dem Morgenland kommen würden, um das Neugeborene zu sehen. Pippi machte sich daran, das Haus für diesen besonderen Besuch vorzubereiten.

Doch als die Könige kamen, war die Überraschung groß. Es waren keine echten Könige, sondern verkleidete Kinder. Ein Junge aus dem benachbarten Lönneberga, ein dickes Kind mit einem Propeller auf dem Rücken und ein wildes Mädchen aus dem Wald.

Der Junge aus Lönneberga mit einem untrüglichen Gespür für Unsinn und einem Herzen so groß wie Lönneberga selbst kam als Erster. Er hatte ein Männchen mitgebracht, das er sorgfältig aus einem Stück Holz von seinem eigenen Hof geschnitzt hatte. «Für den neuen kleinen Freund», sagte er mit einem schüchternen Lächeln.

Der dicke Junge mit dem Propeller auf dem Rücken war aus dem fernen Stockholm herangeflogen gekommen. Mit einem lauten «Brrrumm!» landete er vor der Tür, in den Händen ein winziges, selbst gebautes Fluggerät. «Für den zukünftigen Flieger!», verkündete er mit einem selbstzufriedenen Grinsen.

Zuletzt trat das wilde Mädchen von der Mattisburg ein, das den Wald wie kein anderes kannte. Sie brachte einen Kranz aus den schönsten Blumen des Waldes, die sie selbst gepflückt hatte. «Für den kleinen Prinzen des Waldes», sagte sie.

Die Villa Kunterbunt war erfüllt von Lachen und fröhlichen Stimmen, als die Gäste das Neugeborene willkommen hießen. Selbst der sonst so strenge Bürgermeister Olsson, der zufällig vorbeikam und das bunte Treiben zunächst skeptisch betrachtete, nahm schließlich in einem Sessel Platz, nahm sich drei Pfannkuchen und entspannte sich allmählich.

Als er sah, wie sich alle einträchtig unterhielten und das Baby friedlich in seinem Bettchen schlief, veränderte sich etwas in ihm.

«Vielleicht ist es gar nicht so schlecht, die Dinge zwischendurch ein wenig anders zu machen», murmelte er mehr zu sich selbst als zu jemand anderem. Er hatte gelernt, dass Ordnung und Regeln nicht immer das Wichtigste im Leben sind. Zum ersten Mal seit langer Zeit lächelte er und fühlte sich ein wenig leichter im Herzen.

Kapitel 5: Pippi, die Lehrerin

In den folgenden Jahren wurde die Villa Kunterbunt nicht nur für Pippi, Tommy und Annika, sondern auch für den kleinen Jesus zu einem Ort unvergesslicher Abenteuer. Pippi, die sich selbst zur persönlichen Lehrerin und Beschützerin des Jungen ernannt hatte, wollte ihm die außergewöhnlichsten Dinge beibringen, die sie kannte.

«Das Erste, was du lernen musst», verkündete Pippi eines Morgens, «ist, wie man aus wenig viel macht.» Sie vermengte etwas Mehl, einen Löffel Milch, etwas von einem Ei und verwandelte die Masse in einen Berg Pfannkuchen, groß genug, um eine ganze Stadt satt zu machen. «Siehst du, mit ein bisschen Fantasie und einem guten Herzen kann man wahre Wunder vollbringen.»

Mittags zeigte ihm Pippi, wie man mit einer einzigen Münze genug Essen für alle Freunde kaufen konnte. «Siehst du, es kommt nicht darauf an, wie viel man hat», erklärte sie und kam mit einem Korb voller Lebensmittel zurück, genug für eine ganze Stadt.

Und abends brachte sie ihm bei, über das Wasser des kleinen Gartenteichs zu laufen. «Siehst du, du musst nur fest daran glauben, dass es möglich ist», sagte sie und ging leichtfüßig über die Wasseroberfläche.

Doch eines Tages war Jesus plötzlich verschwunden. Pippi, Tommy und Annika suchten überall – im Haus, im Garten, sogar auf den höchsten Bäumen und am Rand des kleinen Teiches, über dessen Wasser Pippi ihn so oft geführt hatte. Aber von Jesus fehlte jede Spur.

«Wo kann er nur sein?», fragte Annika besorgt.

Pippi blickte nachdenklich in die Ferne. «Vielleicht», sagte sie leise, «ist er jetzt dort, wo er gebraucht wird. Wo er seine Lektionen über Liebe, Mut und Wunder weitergeben kann.»

Tommy nickte langsam. «Er wird vielen Menschen helfen. So, wie er uns gezeigt hat, wie man mit einem reinen Herzen lebt.»

Die drei Freunde hielten sich an den Händen und blickten schweigend in den Himmel. Doch die Stille währte nicht lange, denn schon nach wenigen Sekunden sprang Pippi fröhlich auf: «Purzelbaum-Wettbewerb! Wer die meisten schafft, dem backe ich einen Kuchen, so groß wie der ganze Mond.»

Astrid Lindgren (1907–2002) war eine schwedische Schriftstellerin. Im Jahr 1945 veröffentlichte sie ihr erstes Kinderbuch «Pippi Langstrumpf», das zu einem Welterfolg wurde. Später folgten weitere berühmte Figuren wie Kalle Blomquist, Michel aus Lönneberga, Karlsson vom Dach und Ronja Räubertochter. Mit mehr als 100 Millionen verkauften Büchern in über 100 Sprachen zählt Lindgren zu den bekanntesten und bedeutendsten Kinderbuchautorinnen der Welt.

Günter Grass: Unter Danzigs Sternen

Erstes Buch: Soldaten

Die verwinkelten, schattigen Gassen Danzigs winden sich durch die Stadt wie die verworrenen Gedanken der Menschen, die sie durchqueren. Von mir, Oskar, und meiner Blechtrommel möchte ich sagen, dass wir beide nicht nur die Helden, sondern auch die Chronisten dieser Geschichte sind. Ich, der Trommler, der gegen das Schicksal trommelt, und meine Trommel, die mit jedem Trommelschlag nicht nur ihr eigenes Trommelfell trifft, sondern auch das Trommelfell der Zuhörer.

In diesem stillen Einverständnis zogen wir unsere Kreise durch die Stadt, getrieben von einer tiefen Unruhe über das, was kommen mochte, in Richtung Hafen. Der Danziger Hafen, ein Geflecht aus Geschichte und Gegenwart, empfing uns mit offenen Armen, ein Ort, an dem sich die Erzählungen ferner Orte mit dem salzigen Atem des Meeres vermischten.

Auf dem Fischmarkt priesen die Fischer mit lauter Stimme ihren Fang an: «Junge, willst du Fisch? Frischer geht's nicht.»

Ich betrachtete das Tier, seine Schuppen glitzerten wie Münzen in einer Schatzkammer, dann den Mann. «Nein danke», sagte ich, während meine Finger eine stumme Melodie auf der Trommel spielten, als wären sie die Boten meines Widerstands. Darauf folgte ein kurzer, aber energischer Trommelschlag, ein trotziges Echo meiner Weigerung, mich den Erwartungen zu beugen.

Weiter den Weg entlang begegnete ich Agnieszka Woźniak, meiner Nachbarin. «Oskar», sagte sie, «du sollst nicht so laut sein. Die Leute reden.»

«Lass sie reden», antwortete ich und schlug wie zur Bestätigung auf meine Trommel.

In der Schule, die für mich mehr Zwischenstation als Ziel war, erschienen mir die Worte des Lehrers wie das unbedeutende Rauschen des Meeres.

«Leg deine Trommel weg!», forderte mich Herr Kaczmarek, unser Erdkundelehrer, mit erschöpfter Stimme auf.

«Meine Trommel sagt mehr als all Ihre leeren Worte, Herr Lehrer», antwortete ich, und mit jedem Schlag meiner Trommel zerschlug ich die Illusionen, die er zu weben versuchte, wie ein Blitz, der in der Stille widerhallt.

Als ich am Nachmittag durch die Straßen nach Hause ging, begegnete ich den Marschkolonnen der SA, deren Stiefel auf dem Kopfsteinpflaster ein düsteres Requiem spielten. Ich blieb stehen und trotzte ihrer Gegenwart mit der Sprache meiner Trommel, einem Spottgesang, der ihre Einheit in eine Karikatur ihrer selbst verwandelte. Während die Stadt die Leute feierte, deren Heldentum nur Fassade war, entzündete ich, Oskar, ein Feuerwerk des Zweifels, eine Symphonie der Skepsis.

Zu Hause, umgeben von den stummen Zeugen vergangener Schlachten, meinen Zinnsoldaten, versank ich in Gedanken über die endlose Wiederholung menschlicher Fehler. Mein Vater kam herein, sein Blick fiel auf die schweigende Armee, und ein Seufzer entfuhr ihm: «Spielst du immer noch mit deinen Zinnsoldaten, Oskar?»

«Sie sind mehr als Spielzeug, Vater. Sie sind Mahnmale einer Geschichte, die in den Schatten unserer Gegenwart liegt», antwortete ich, ohne aufzublicken.

In meinem Zimmer versank ich in der Stille, die nur vom fernen Echo der Stadt unterbrochen wurde, ein Mosaik aus zerbrochenen Träumen und verborgenen Sehnsüchten. In diesen stillen Augenblicken fand ich mich verloren in einem Gewirr von Erinnerungen und Visionen. Jedes Flüstern, jedes Krächzen eine Geschichte für sich, ein verwobenes Netz aus Schicksal und Zufall, in dem ich mich verirrte und doch meinen Platz fand.

Zweites Buch: Der Hafen

Am nächsten Morgen ging ich wieder zum Hafen hinunter. Die Arbeiter waren schon früh auf den Beinen. «Hey, Trommler, gib uns einen Rhythmus!», rief einer, dessen Gesicht von den Narben der See und den Geschichten unzähliger Stürme gezeichnet war.

Ich zögerte einen Moment, dann begannen meine Trommelstöcke ihre eigene Geschichte zu erzählen, und der Arbeiter antwortete mit einem Lachen, das so tief und weit war wie das Meer selbst. Es war ein Moment, in dem meine Musik die Sprache überflügelte und sich in eine Hymne des Lebens verwandelte, die die Worte in den Schatten stellte wie die Wellen im Licht der Morgensonne.

Auf meinem Weg durch das Gewirr der Gassen wurde ich zum stillen Beobachter der vorbeiziehenden Menschen. Ein kleiner Junge, von seiner Mutter an der Hand geführt, blieb stehen und fixierte mich mit einem Blick, der Frage und Antwort zugleich war: «Mama, warum ist der Junge so klein?»

«Das ist Oskar, er ist etwas Besonderes», antwortete sie und zog ihn schnell weiter.

Als die Sonne ihren Zenit überschritten hatte und den Marktplatz in ein Bad aus Licht und Schatten tauchte, erreichte ich das pulsierende Zentrum der Stadt. Ich ließ mich auf einem Bürgersteig nieder und begann zu trommeln, nicht, um Aufmerksamkeit zu erregen, nicht, um gehört zu werden, sondern um den stillen Geschichten, die im Verborgenen lagen, Leben einzuhauchen.

Plötzlich durchbrach eine vertraute Stimme das Stimmengewirr. «Oskar!», rief Mateusz Kozłowski, ein Freund meiner Mutter, dessen Augen wie geschlossene Bücher voller ungeschriebener Kapitel waren.

«Du so allein hier?»

«Ich bin nie allein», antwortete ich und legte zärtlich meine Hand auf die Trommel, als wäre sie der Schlüssel zu einer Welt, die nur mir offen stand.

Mateusz lachte und klopfte mir auf die Schulter. «Pass auf dich auf, kleiner Mann», sagte er und verschwand so plötzlich, wie er gekommen war.

Als der Tag zu Ende ging, machte ich mich auf den Heimweg. Die Straßen von Danzig schienen sich nach Ruhe zu sehnen. In meinem Zimmer, das nur vom flackernden Schein einer Kerze erhellt wurde, saß ich inmitten meiner Zinnsoldaten – schweigende Wächter einer Welt, die in ihren endlosen, lautlosen Schlachten gefangen war.

Drittes Buch: Die Fremden

Als Maria und Józef Kaschubowski im Schatten des ersten Tageslichts am Danziger Hafen ankamen, empfing sie ein Kaleidoskop des Alltags, in dem sich Augenblicke wie bunte Glassplitter drehten. Die vom Salz des Meeres und vom Schweiß harter Arbeit geschwängerte Hafenluft hüllte sie in ein Meer von Gesichtern, in dem das Leben in seinen unzähligen Formen wie Fäden eines dichten Teppichs miteinander verwoben war. In diesem Gewimmel, einer zufälligen Symphonie des Seemannslebens, fand die

Aalverkostung statt, ein alltägliches Ereignis, das jedoch tief in der Seele des Hafens verwurzelt war. Von einem unsichtbaren Hunger getrieben, umringten die Menschen die Stände, an denen der Aal in seinem letzten glänzenden Aufbäumen den Kreislauf des Lebens vollendete.

Maria und Józef in ihren fremden Gewändern erschienen wie Schatten aus einer anderen Zeit, ihre Konturen verschwammen im grellen Licht des Hafens. Sie wirkten verloren, aber in ihrer Fremdheit lag eine seltsame Entschlossenheit, als wanderten sie durch die Zeiten auf der Suche nach einer verlorenen Heimat.

Ich beobachtete das Paar mit der Wachsamkeit eines Schattens. Meine Trommelschläge mischten sich mit den Stimmen und Schritten, verflochten sich mit dem Pulsschlag dieser Welt und malten ein akustisches Bild, das die Ambivalenz zwischen Neugier und Ablehnung einfing, jede Schwingung ein Echo der Unsicherheit der Neuankömmlinge.

Ein Mann, dessen Gesicht die Zeichen eines gelebten Lebens trug, neigte sich zu seinem Nachbarn und murmelte mit einem Seitenblick auf Maria und Józef: «Sieh nur, diese Fremden bringen Unruhe in unsere Stadt.» Der Nachbar nickte, gefangen zwischen Misstrauen und versteckter Angst.

Als Maria und Józef durch die Gassen von Danzig gingen, trugen sie eine Entschlossenheit in sich, als folgten sie einer unsichtbaren Karte, die nur ihnen den Weg weisen konnte.

Ich folgte ihnen schweigend, mein Weg verborgen im Gewirr der Stadt, die Trommel ein treuer Begleiter unter meinem Arm. Ihre Gespräche, getragen von einer stillen Melancholie, flüsterten von der Suche nach einem Ort der Ruhe, bevor die Nacht hereinbrach.

In einer abgelegenen Ecke des Marktes, fernab vom Lärm, trafen sie auf den alten Apfelverkäufer Marek Bronski, dessen

Gesicht eine Geschichte erzählte, so verzweigt und tief wie die Furchen alter Erde. «Ihr seid Fremde hier. Und ihr erwartet ein Kind», sagte er und deutete auf Marias Bauch. «Ich kenne einen Ort, ein verlassenes Haus. Dort könnt ihr Unterschlupf finden», bot er an.

Als sie sich entfernten, spielte ich auf meiner Trommel eine leise, nachdenkliche Melodie, die ihren Schritten folgte, ein sanfter Begleiter in der Dämmerung.

Die Nacht senkte sich über Danzig, und ihr Weg führte durch Gassen, in denen die Blicke der Passanten zwischen Neugier und Ablehnung schwankten. In einem unerwarteten Moment der Auflehnung stieß ich einen Schrei aus, der die Stille zerriss und das Glas eines Schaufensters zerspringen ließ.

Die Umstehenden tuschelten. «Wer war das?», fragte ein Polizist. Im Dunkeln beobachtete ich die Szene, ein stiller Zeuge dieses Moments der Rebellion. Doch dieser Akt war mehr als ein bloßer Aufstand – es war ein Zeichen des Widerstands gegen die Autoritäten und die starren Strukturen einer sich wandelnden Gesellschaft.

Viertes Buch: Unter Röcken

In den folgenden Tagen und Wochen lebten Maria und Józef im Schatten Danzigs, immer auf der Hut vor den Blicken und Fragen der Behörden. Doch bald wurden sie von der unbarmherzigen Realität eingeholt. Die Polizei durchstreifte die Straßen, immer noch auf der Suche nach den Tätern, die das Fenster zerstört hatten. Józef fand in einem Moment der Verzweiflung Zuflucht unter den weiten Röcken Marias, als sei dies der einzige sichere Hafen in einem Meer der Angst. Die Szenerie wirkte auf mich wie ein

Traumbild, eingefangen im Licht- und Schattenspiel des Augenblicks, ein lebendiges Zeugnis der Angst.

Als schließlich die unmittelbare Bedrohung zu schwinden schien und die Schritte der Polizei in der Ferne verhallten, blieb Józef noch eine Weile unter ihren Röcken verborgen. Maria hatte einen seltsamen Gesichtsausdruck, ihre Hände öffneten und schlossen sich wie in einem Krampfanfall, und als dieser vorüber schien, legte sie einen Arm um ihn, so schützend und zärtlich, als wolle sie ihn vor der ganzen Welt beschützen. Auf der anderen Straßenseite hatte Mateusz Kozłowski, der Freund meiner Mutter, die Szenerie beobachtet und nestelte hektisch an seinem Hosenbund.

Fünftes Buch: Der Kartoffelacker

Als die Zeit der Geburt näher rückte, wurde Maria und Józef bewusst, dass die Enge und Unsicherheit ihres Zuhauses nicht der Ort war, an dem sie neues Leben willkommen heißen wollten. Maria, getrieben von einer tiefen Sehnsucht nach Freiheit und Natur, fühlte sich von den weiten Feldern außerhalb der Stadt magisch angezogen wie von einem alten Lied. Józef, besorgt um ihre Sicherheit, aber auch auf ihre Intuition vertrauend, willigte ein, sie zu den Kartoffeläckern zu begleiten, einem Ort, den er auf seinen einsamen Streifzügen entdeckt hatte.

Dieses unbebaute Stück Land, das von der Hektik der Stadt unberührt schien, bot ihnen nicht nur die gesuchte Abgeschiedenheit, sondern auch eine Verbindung zur Erde, die Maria als kraftvolles Symbol für den Beginn eines neuen Lebens ansah. In dieser einfachen, natürlichen Umgebung, fernab von den erdrückenden Zwängen ihres bisherigen Daseins, spürten sie eine

Freiheit und Ruhe, die zu einem seltenen Luxus geworden war. Und so kam es, dass Maria, umgeben von nächtlicher Stille und schützender Dunkelheit, ihr Kind unter freiem Himmel gebar.

Als das winzige, aber von unerwarteter Vitalität erfüllte Kind sein erstes Licht erblickte, war ich dabei, geleitet von einem unsichtbaren Faden, der Schicksal und Zufall zu verweben schien. Mit lauten Trommelschlägen begrüßte ich das Kind, jeder Schlag ein Willkommensgruß, ein Echo der Hoffnung in einer oft so trostlosen Welt. In den folgenden Wochen und Monaten wurde unser Band immer enger. Das Kind, gezeichnet von einer Wachstumsstörung, die es klein erscheinen ließ, wurde zum Symbol des Trotzes, zum Spiegelbild meiner eigenen Herausforderungen.

Gemeinsam nutzten wir die Kraft der Musik – ich mit meiner Trommel und das Kind mit seinem ansteckenden Lachen. Unser Musizieren wurde zu einem Schrei des Widerstandes, zu einem Schrei, der die Dunkelheit der Naziherrschaft zu durchdringen vermochte.

Doch schon bald nahmen wir Erwachsenen die leisen Vorboten des Wandels wahr. Das Kind, das wir liebevoll Jesuskind nannten, zeigte erste Anzeichen einer Taubheit. Diese Entdeckung traf mich härter als alle Trommeln, die ich je gespielt hatte. Die Tragik des Schicksals entging mir nicht: Hatten etwa dieselben Hände, die die Trommelstöcke schwangen, um Freiheit und Widerstand zu proklamieren, ungewollt Stille über das unschuldigste aller Wesen gebracht?

Doch diese Gedanken hielten mich nicht von meinem Weg ab, und so zog ich weiter trommelnd durch die Straßen Danzigs. In jedem Schlag meiner Trommel klang ein Echo der Verweigerung, eine melodische Absage an das Erwachsenwerden, während um mich herum die Stadt, in meinen Augen, zu einer Spielzeugwelt schrumpfte, in der die Erwachsenen wie Marionetten tanzten, gefangen in ihren selbst gesponnenen Netzen aus Illusionen und Halbwahrheiten.

Bald begleitete mich das Jesuskind, das zu einem jungen, wenn auch schwerhörigen Mann herangereift war. Unsere Musik, Tag und Nacht, wuchs zu einer Legende heran – und zum Ärgernis. Die ständige Ruhestörung trieb die Menschen zur Verzweiflung.

Schließlich machte uns die Stadt ein Angebot und versprach uns eine erkleckliche Summe Geldes, damit wir Danzig den Rücken kehrten. Damit war unser Plan geboren: Wir würden unsere Trommeln von Stadt zu Stadt tragen, eine Kakophonie der Belästigung erzeugen, bis jede Stadt uns bezahlen würde, um ihre Ruhe wiederzuerlangen.

So wurden Jesus und ich, Oskar der Trommler, zu Wanderern zwischen den Welten, halb Künstler, halb Rebellen. In jeder Stadt entfaltete sich das gleiche Spiel: Wir trommelten, bis die Gemeinschaft, getrieben von unserem unermüdlichen Geist, uns bat zu gehen; wir trommelten, bis uns die Stadtväter, Kaufleute und Bürger Geld boten, damit wir weiterziehen konnten.

Mit dem Geld, das uns unsere Reisen einbrachten, kehrte ich nach Danzig zurück und gründete eine Schlagzeugschule. Sie wurde zu einem Ort des Widerstands, nicht nur gegen die Besatzungsmacht, sondern gegen das Schweigen und die Gleichförmigkeit. Meine Schüler lernten nicht nur zu trommeln, sondern auch zu hören – auf die Rhythmen der Stadt, den Herzschlag, die unausgesprochenen Worte in der Luft. Ich lehrte sie, mit jedem Schlag eine Geschichte zu erzählen, die Trommel nicht nur als Instrument, sondern als Sprache zu benutzen.

Jesus, der inzwischen zu einem stattlichen jungen Mann herangewachsen war, fand seine Berufung auf einem anderen Pfad. Die Erlebnisse auf der Straße und die gemeinsamen musikalischen Abenteuer hatten in ihm eine tiefe Verbundenheit mit den Menschen und ihrem Leid geweckt. Er wurde Hörgeräteakustiker.

Diese Wendung in unserem Leben, so unerwartet sie auch kam, lehrte uns beide eine tiefe Lektion über die Dualität des Daseins – dass in jedem Akt des Widerstands sowohl Schöpfung als auch Zerstörung liegen kann, und dass die wahre Meisterschaft darin besteht, sowohl den Klang als auch die Stille zu umarmen.

Günter Grass (1927–2015) war ein deutscher Schriftsteller, Bildhauer und Grafiker, der 1999 den Nobelpreis für Literatur erhielt. Seinen literarischen Durchbruch feierte er mit dem Roman «Die Blechtrommel», der ihn auch international bekannt machte. Im Rahmen der «Danziger Trilogie» folgten die Werke «Katz und Maus» und «Hundejahre». Neben seinem umfangreichen schriftstellerischen Werk meldete sich Grass auch regelmäßig in gesellschaftlichen Debatten zu Wort.

Joseph von Eichendorff:
Der goldene Baum

Ich suche den goldenen Baum,
Ich suche und finde ihn nie,
Mir träumt, dass an dem Baum
Das Weihnachtswunder mir blüh.
Ich wandre mit meiner Laterne
Durch Wälder, Dörfer und Feld,
Ob irgends in der Ferne
Der goldene Baum sich stellt.
Ich suche und bin ganz bange
Und sorge mich sehr laut
Ob ich ihn irgends finde
Doch der Baum war geklaut.

Joseph von Eichendorff (1788–1857) war ein deutscher Dichter und Schriftsteller der Romantik. Er gilt als einer der bedeutendsten Dichter dieser Epoche und ist vor allem für seine Naturlyrik bekannt. Eichendorffs Gedichte sind geprägt von tiefer Sehnsucht, Naturliebe und Wanderlust. Sie vermitteln oft das Bild einer idealisierten, mystischen Landschaft, in der sich der Mensch verliert und wiederfindet.

Georges Simenon: Maigret und die Wiege der Hoffnung

1

Ein beißender Dezemberwind fegte durch Paris und zwang die Passanten, ihre Köpfe tief in die Kragen ihrer Mäntel zu stecken. Vom Quai des Orfèvres aus, wo hinter schweren Türen die Pariser Polizei wachte, blickte Kommissar Maigret auf die erstarrte Rue Mouffetard. Die Marktstände, einst belebt und farbenfroh, lagen in winterlicher Stille. In den Fenstern der angrenzenden Wohnhäuser flackerte das schwache Licht vereinzelter Kerzen, und aus den Bäckereien drang der Duft frisch gebackener Baguettes und warmer Croissants. Ein Junge mit zerrissener Hose kickte einen abgetretenen Fußball gegen die Steinmauer, während sein Hund, ein drahtiger Mischling, bellend hinterherjagte – eine Szene, die Maigret ein schwaches Lächeln entlockte.

In einem schlichten Zimmer einer Pension in der Rue des Rosiers saßen derweil Maria und Josef, umgeben von nur wenigen Habseligkeiten und dem Nötigsten an Kleidung. Zwischen ihnen, wichtiger als alles Materielle, ruhte ihr neugeborenes Kind, eingehüllt in eine zerrissene Decke.

Maigret hatte den Tag in seinem Büro verbracht, vertieft in die Akten, ein Teil seiner unermüdlichen Suche nach der Wahrheit. Als endlich der Feierabend gekommen war, schlüpfte er in seinen Überzieher, dessen weicher Kragen Schutz vor der beißenden Kälte versprach, setzte seine Melone auf und trat hinaus in die eisige Luft.

Ein jäher Schrei ließ ihn wenige Schritte vor der Präfektur stehen bleiben. Er kam aus der Pension um die Ecke – ein ungewöhnliches Ereignis in dieser sonst so ruhigen Gegend. Ohne zu zögern, folgte Maigret dem Geräusch. Die offene Tür der Pension führte ihn ins Innere und in den ersten Stock.

Oben angekommen, fand er ein aufgelöstes Paar: Maria, die ihre Tränen nicht zurückhalten konnte, und Josef, der neben ihr stand, der Verzweiflung nah. Die Wiege zwischen ihnen war leer. Maigret blickte sich um – ein Kind war verschwunden, geraubt aus einer Welt, die voller Liebe hätte sein sollen, nicht voller Bitterkeit.

2

Die Pension war schäbig, der Putz fiel von den Wänden, und die Kälte kroch durch jede Ritze. Maigret stand im Flur, ein trübes Licht fiel von der Glühbirne. Maria beruhigte sich langsam, die Spuren ihrer Tränen noch sichtbar. Josef, ein Mann von starker Statur, stand wortlos bei ihr.

«Erzählen Sie mir alles», sagte Maigret, nachdem er sich den beiden vorgestellt hatte. Seine Stimme war ebenso fest wie verständnisvoll. Er zog einen Stuhl heran und setzte sich nieder, den Blick fest auf das Paar gerichtet.

Maria begann, erst zögerlich, dann in einem Strom von Worten, der ihre Verzweiflung ebenso offenbarte wie die Geschichte selbst. Sie erzählte von der Ankunft in Paris, von der Suche nach einem besseren Leben, von der Geburt ihres Kindes, verloren in der Anonymität der Großstadt, irgendwo zwischen den Gassen von Montmartre und dem Trubel des Boulevard de Clichy. Dann jene Nacht, in der die Stimme ihres Kindes verstummte und die Wiege leer zurückließ.

Maigret hörte zu, nickte gelegentlich und stellte präzise Fragen.

Sein Verstand arbeitete bereits an der Verknüpfung der Fakten, aber wie immer verließ er sich auch auf seine Intuition.

Als das Paar seine Geschichte beendet hatte, erhob sich Maigret und reichte ihnen seine Karte. «Ich werde sehen, was ich tun kann», versprach er mit einer Mischung aus Gewissheit und Mitgefühl. «Versuchen Sie, ruhig zu bleiben. Hoffnung ist ein kostbares Gut.»

Die Nacht war kalt und still, als Maigret hinaus auf die Straße trat. Er zog nachdenklich an seiner Pfeife, deren Rauch sich mit dem Nebel über der Seine vermengte. Kurz verweilte sein Blick auf dem leisen Fluss, dann zog er seinen Mantel fester und machte sich auf den Weg. Sein Ziel war das Café am Place de la Concorde, sein gewohnter Platz zum Nachdenken.

Das Café, normalerweise ein Schmelztiegel von Geschichten und Gerüchten, war nahezu verlassen. Der Wirt, der tausend Menschen und ihre Geschichten kannte, begrüßte ihn mit einem kurzen Nicken. Maigret setzte sich an seinen Stammplatz, einen abgewetzten Holztisch am Fenster.

«Wie immer, Kommissar?», fragte der Wirt und stellte eine dampfende Tasse Kaffee vor ihn hin.

«Ja danke, Henri», antwortete Maigret, und ein flüchtiges Lächeln huschte über die sonst so ernsten Züge. In der Stille des fast leeren Cafés ließ er den Blick über den dampfenden Kaffee schweifen, ein vertrautes Ritual, das ihm Trost und Konzentration zugleich bot.

Die Geschichte von Maria und Josef war noch nicht zu Ende. Das spürte er. Er nahm einen Schluck und ließ die Wärme den Nebel in seinem Kopf auflösen. Morgen würde er den Tag nutzen, um Licht ins Dunkel zu bringen.

3

Die Straßen von Paris lagen still, als Maigret seine Wohnung verließ. Der Nebel hing tief, eine bleierne Decke über der erwachenden Stadt, ein feuchter Begleiter auf seinem Weg zum Kommissariat, das sich hinter den vom Nebel verhangenen Umrissen der Île de la Cité verbarg. Er grüßte den Portier, der mit einem schläfrigen Nicken antwortete, und stieg die Stufen zu seinem Büro hinauf.

Es war ein Raum voller Leben und Geschichten, an den Wänden hingen Fotografien und Zeitungsausrisse, überall lagen Aktenstapel. Maigret ließ sich in seinen Schreibtischstuhl fallen, zündete sich eine Pfeife an und griff nach dem Telefon.

«Lucas, kommen Sie sofort», sagte er knapp. Maigret legte auf, und sein Blick verlor sich für einen Moment in den Schwaden des Rauchs seiner Pfeife.

Die Tür zu Maigrets Büro öffnete sich mit einem vertrauten Quietschen. Lucas ließ wie immer nicht lange auf sich warten. «Wir haben einen Entführungsfall. Ein Kind», sagte Maigret ohne große Vorrede. «Keine Spuren. Keine Zeugen. Wir beginnen unsere Ermittlungen in der Pension, wo die Eltern untergebracht sind.»

Die Männer verließen das Gebäude und tauchten in den dichten Nebel ein, der Paris in ein undurchdringliches Weiß hüllte. In der Pension teilten sie sich auf. Lucas prüfte die Nachbarn zur Linken. Maigret klopfte an der Tür der Nachbarn zur Rechten.

Die Tür öffnete sich einen Spalt weit. «Was wollen Sie?», fragte eine vorsichtige Stimme, die von Misstrauen zeugte.

«Madame, ich bin Kommissar Maigret. Ich ermittle zum Verschwinden eines Kindes, das hier untergebracht war.»

Die Frau zögerte einen Moment, dann ließ sie ihn eintreten. «Ich habe nichts gesehen. Es war still in dieser Nacht, zu still vielleicht für unsere sonst so belebte Straße», sagte sie.

«Und die Eltern?»

«Sie sind seit ein paar Wochen hier. Sie halten sich bedeckt, sind immer höflich. Das Kind ... es war immer ruhig. Ein süßes kleines Ding.»

«Ist Ihnen in letzter Zeit irgendetwas aufgefallen? Jemand Ungewöhnliches?»

Sie überlegte. «Nur ein Mann im Treppenhaus vor ein paar Tagen. Groß, dunkler Mantel, den Hut tief ins Gesicht gezogen.»

Maigret stand auf. «Wenn Ihnen etwas einfällt, rufen Sie mich an.» Er hinterließ eine Visitenkarte und verließ die Wohnung.

Draußen vor der Wohnungstür traf Maigret Lucas wieder. «Irgendwas Neues?», fragte er.

«Nichts, das uns weiterhilft. Die Bewohner hier sind wie eine eingeschworene Gemeinschaft, die ihre Geheimnisse hütet.»

Maigret runzelte die Stirn. «Es gibt noch eine Person, die uns vielleicht weiterhelfen kann: der Nachtportier. Ihm muss in jener Nacht etwas aufgefallen sein.»

«Das könnte sein», erwiderte Lucas. «Wir sollten mit ihm sprechen.»

Maigret nickte, und sie gingen die knarrenden Stufen hinunter ins Erdgeschoss, wo der Nachtportier seine Schicht begann.

4

Sie trafen auf den Nachtportier, einen jungen Mann, der sie mit weit aufgerissenen Augen anstarrte, als sie ihm den Grund für ihr Kommen mitteilten. «Erzählen Sie uns von dieser Nacht», sagte Maigret ruhig, aber bestimmt.

Der Portier schluckte schwer. «Ich ... ich machte meine Runde. Alles war ruhig. Dann, vielleicht gegen drei Uhr morgens, hörte ich das Geräusch eines Motors. Es war nicht das übliche Brummen, das man von den neuen Modellen kennt. Es war tiefer, rauer – wie von einem alten Modell, vielleicht einem Citroën aus der Vorkriegszeit.»

«Das Auto, konnten Sie etwas Besonderes erkennen?», fragte Maigret.

Der Portier überlegte. «Es war zu dunkel, um Einzelheiten zu erkennen, aber es war ein dunkles Auto … und ich glaube, ein Teil des Nummernschildes war eine Sieben. Nicht viel, aber es war ungewöhnlich leise für ein so altes Auto – als wäre es gut gewartet worden.»

Maigret bedankte sich, und sie fuhren davon. Ein altes Modell, vielleicht ein Citroën, und ein Teil des Nummernschildes, dachte Maigret. Das könnte uns weiterhelfen.

Lucas kramte in seinem Notizbuch. «Ich werde die Verkehrsbehörde kontaktieren und fragen, ob sie eine Liste mit alten Citroën-Modellen haben, die noch unterwegs sind, vor allem solche mit einer Sieben im Nummernschild. Vielleicht haben wir Glück.»

Maigret blickte in die Ferne und zog an seiner Pfeife. «Glück», murmelte er, «und Ausdauer, Lucas. Das wird uns zum Ziel führen.»

5

Durch das Fenster seines Büros beobachtete Maigret die Menschenmenge auf dem Boulevard, ein Gewimmel von Gesichtern, jedes mit seiner eigenen Geschichte. In diesem Meer der Anonymität war jedes Schicksal nur ein flüchtiger Schatten. Draußen, weit weg von der Hektik des Büros, spielten die Kinder trotz der Kälte in den Höfen, während ihre Mütter von den Fenstern aus mit wachsamen Augen das Treiben beobachteten.

Maigret saß an seinem Schreibtisch, umgeben von Bergen von Akten, als Lucas mit einem Bündel Papiere hereinstürmte. «Wir haben eine Spur, Chef», sagte er aufgeregt.

Maigret blickte auf. «Und?»

«Die Verkehrsbehörde hat uns eine Liste mit Fahrzeugen geschickt. Drei davon passen auf die Beschreibung und haben eine Sieben im Kennzeichen. Alle wurden in der Nacht der Entführung in der Nähe gesehen.»

Maigret nahm einen Zug von seiner Pfeife und nickte. «Adressen?»

«Zwei in Paris, eine außerhalb.»

«Fangen wir mit Paris an.» Maigret erhob sich und ging Richtung Auto, während Lucas die Adressen vorlas.

Die erste Station war ein verwittertes Haus im Quartier Latin, die Wohnung eines gewissen Monsieur Dubois. Das Klingelschild war alt und abgegriffen. Sie läuteten, und Monsieur Dubois, ein älterer Herr mit wirrem Haar, öffnete die Tür. «Kann ich Ihnen helfen?» Seine Stimme zitterte leicht.

«Wir sind von der Polizei und untersuchen das Verschwinden eines Kindes», begann Maigret und zeigte auf sein Nummernschild. «Könnten Sie oder Ihr Wagen dabei eine Rolle spielen?»

Dubois' Augen weiteten sich. «Ich habe damit nichts zu tun. Mein Citroën ist seit Tagen kaputt.»

Maigret nickte. «Dürfen wir ihn uns ansehen?»

Widerstrebend führte der alte Mann sie in die Garage. Dort stand der Wagen, die Motorhaube offen, als Zeichen der Reparaturversuche. «Wie Sie sehen, die Batterie ist das Problem ...»

Lucas beugte sich vor, um die Batterie zu untersuchen, dann zeigte er auf den Boden. Unter dem Wagen – lag ein kleines Stofftier. Maigret hob es auf und betrachtete es. «Das gehört dem Kind, das verschwunden ist», sagte er leise.

Dubois' Gesicht verlor jede Farbe. «Ich ... ich kann das erklären.»

«Das würde ich Ihnen empfehlen», entgegnete Maigret und steckte das Stofftier vorsichtig in einen Asservatenbeutel.

Unter Maigrets unerbittlichem Blick begann Dubois zu erzählen. Es war eine Geschichte von alten Schulden und verzweifelten Taten, von einem Kontaktmann aus der Unterwelt, der ihn «um einen kleinen Gefallen» gebeten hatte. «Sie versprachen, dass es einfach sein würde. Dass niemand zu Schaden käme.»

«Die Hintermänner. Ich brauche einen Namen!», hakte Maigret nach.

Dubois nannte einen Namen – Renard, ein bekannter Name in der Pariser Unterwelt.

Maigret und Lucas verließen das Gebäude mit einer neuen Spur. Draußen zog Maigret seinen Mantel enger.

«Was nun?», fragte Lucas.

«Wir kümmern uns um diesen Renard», sagte Maigret entschlossen. «Es ist Zeit, das Netz enger zu ziehen.»

Die beiden Männer kehrten ins Kommissariat zurück, bereit, den nächsten Zug in diesem gefährlichen Spiel zu machen. In Maigrets Kopf formte sich ein Plan. Renard war gerissen und gefährlich, aber Maigret war hartnäckig.

6

«Die alten Lagerhäuser am Hafen», murmelte Maigret vor sich hin, während seine Augen über den zerknitterten Stadtplan auf seinem Schreibtisch glitten. «Renard könnte sich dort versteckt halten.» Ein Moment des Nachdenkens, ein gedankenloser Blick aus dem Fenster, wo der Morgen langsam die Pariser Nacht verdrängte. Mit ruhiger Entschlossenheit verließ Maigret das Büro. Er erreichte das Hafenviertel und begann umgehend mit der Suche.

In einer versteckten Ecke des größten Lagerhauses, hinter einer neu errichteten Scheinwand, entdeckte er schließlich Renard. Er saß dort, gebeugt über eine Krippe.

Maigret starrte Renard mit einem ebenso durchdringenden wie müden Blick an. «Was treibt einen Menschen dazu, ein unschuldiges Leben in sein dunkles Spiel hineinzuziehen?»

Renard blickte auf, sein Gesicht erhellte sich für einen Moment in einem Anflug von Reue, der schnell wieder von Resignation überschattet wurde. «Das Leben ist kein Spiel, Herr Kommissar. Es ist ein Kampf, in dem die Unschuldigen nur Schachfiguren sind.»

«Ein Kampf?» Maigret schüttelte den Kopf. «Sie hatten die Wahl, Monsieur. Und Sie haben sich für die Dunkelheit entschieden.»

Maigret beugte sich über die Krippe: «Du bist weit gereist, kleiner Stern», sagte er leise und nahm das Kind behutsam in seine Arme. «Jetzt ist deine Reise zu Ende.»

7

Nachdem Renard abgeführt worden war, brachte Maigret das Kind zurück zu seinen Eltern. Ihre Augen, voller Tränen der Erleichterung und des Wiedersehens, sprachen Bände über das durchlittene Leid. Gerade als Ruhe eingekehrt war, klopfte es an der Tür. Draußen im kühlen Flur des Gebäudes standen drei Männer, die unterschiedlicher nicht sein konnten, doch alle waren sie hier auf Maigrets Geheiß.

Zuerst trat ein Arzt vor, der versprach, sich um das gesundheitliche Wohlergehen von Kind und Mutter zu kümmern. Ihm folgte ein Hausbesitzer, der ihnen einen Schlüssel für eine Wohnung übergab. Und der dritte Mann, der Besitzer eines Kaufmannsladens, versprach ihnen Zugang zu allem, was sie zum Leben benötigten. Die Eltern nickten stumm, ihre Dankbarkeit stand ihnen ins Gesicht geschrieben.

Maigret erhob sich und warf einen letzten Blick auf die Szene, bevor er sich abwandte. Die Gerechtigkeit, die er suchte, fand sich nicht immer in den lauten Siegen des Gesetzes, sondern oft in den leisen Taten der Menschlichkeit.

Georges Simenon (1903–1989) war ein äußerst produktiver belgischer Schriftsteller und Autor von Trivialliteratur, der vor allem für seine 75 Kriminalromane um Kommissar Maigret bekannt ist. Seine Werke zeichnen sich durch eine präzise, prägnante Prosa und tiefe psychologische Einblicke in die menschliche Natur aus. Simenon ist einer der meistgelesenen französischsprachigen Autoren des 20. Jahrhunderts. Sein Werk wurde in über 60 Sprachen übersetzt.

E. L. James: Fifty Shades of Bethlehem

1

In der Stille einer versteckten Gasse in Bethlehem, weit entfernt von den wachsamen Augen der gewöhnlichen Bürger, liegt der «Tempel der Venus» – ein Ort, der so geheimnisvoll und anziehend ist wie sein Name. An diesem unscheinbaren Ort im Herzen Palästinas trifft sich die Elite der römischen Besatzungsmacht, um sich ihren sinnlichen Eskapaden und erotischen Abenteuern hinzugeben. Hier verschmelzen Sünde und Lust zu einer Kunstform.

Ich bin Claudia, eine Frau, die in dieser Welt ebenso zu Hause ist wie in den prunkvollen Villen Roms. Mein Begleiter Dominus und ich sind Stammgäste des Venustempels. Dominus ist ein einflussreicher römischer Senator, dessen richtiger Name nicht genannt werden darf. Mit einer Hand, die ebenso zärtlich wie führend sein kann, und einem Verstand, scharf wie ein geschliffenes Schwert, führt er mich auf Pfade, wo Schmerz und Lust in unergründlicher Tiefe verschmelzen. Ich folge ihm, getrieben von der unstillbaren Sehnsucht, die Abgründe meiner Seele zu ergründen und die süße, vollkommene Hingabe zu erfahren.

Der Tempel ist ein Labyrinth aus luxuriösen Kammern, verschwiegenen Nischen und opulenten Sälen. Jeder Winkel des Tempels birgt Geheimnisse. Und obwohl ich viele dieser Geheimnisse schon kenne, finde ich bei jedem Besuch etwas Neues, das mich fasziniert.

Als ich das Gebäude durch das schwere, kunstvoll geschnitzte Tor betrete, spüre ich eine elektrisierende Spannung in der Luft.

Dominus erwartet mich bereits, sein Lächeln ist ein Versprechen – das Versprechen einer unvergesslichen Nacht.

Doch nicht alles im Tempel dreht sich um die dunkle Kunst von Macht und Verlangen. Zumindest nicht für die zahlreichen Bediensteten, die im Hintergrund agieren, um den Betrieb am Laufen zu halten. Unter ihnen sind Maria und Josef, zwei unschuldige Gestalten, die meine Aufmerksamkeit auf sich ziehen, da sie so gänzlich anders erscheinen als die übrigen Tempeldiener.

Josef arbeitet in der Holzwerkstatt und ist für den Bau und die Reparatur unserer Liebesmöbel zuständig. Er fertigt Strafbänke, Kreuze, Pranger und Kerker-Möbel und hat es dabei zu einer erstaunlichen Kunstfertigkeit gebracht.

Maria hingegen wandelt mit einem Tablett voller Getränke durch den Liebestempel, fächelt den vom Liebesakt Erschöpften Luft zu oder tupft ihnen den Schweiß von der Stirn.

Ich spüre eine unerwartete Regung in meinem Herzen. Es ist ein Gefühl der Neugier, vielleicht sogar der Bewunderung, für ihre einfache, unprätentiöse Art zu leben. Ihr Dasein, so scheint es, ist frei von den komplexen Verstrickungen der Lust und Macht, die meinen Alltag bestimmen.

2

Während ich in den Armen von Dominus die Grenzen meiner eigenen Lust und Unterwerfung erforsche, bleibt ein Teil meiner Gedanken bei Maria und Josef. Etwas an ihrer Unschuld, ihrer offensichtlichen Verwirrung über das, was sie hier sehen und erleben, zieht mich an. Sie wirken, als kämen sie aus einer anderen Welt und als ob sie so gar nichts anfangen können mit den dunklen Freuden, die der Tempel zu bieten hat.

Ich gehe auf die beiden zu, als ich sie in einer Ecke stehen sehe. «Alles in Ordnung?»

«Warum bringt er sie wie Vieh zur Tränke?», antwortet Maria mit einem Hauch von Unverständnis und Neugier in der Stimme. Sie deutet auf einen Mann, der seine Gespielin an der Leine zur Bar führt.

«Es ist nicht so, wie es aussieht. Für sie ist es ein Akt der Hingabe und des Vertrauens. Sie gibt sich ihm völlig hin, vertraut darauf, dass er ihre Grenzen respektiert und ihre Bedürfnisse versteht. Es ist ein Spiel, das Vertrauen braucht.»

Maria schaut mich zweifelnd an.

«Du musst nicht alles auf einmal verstehen», sage ich. «Wenn du Fragen hast, zögere nicht, sie zu stellen.»

3

In der sanften Umarmung der Dämmerung führe ich Maria und Josef durch die Hallen unseres Tempels. Als wir einen Raum betreten, in dem Seile und Ketten nicht Werkzeuge der Unterdrückung, sondern der Zuneigung sind, bemerke ich, wie Maria instinktiv Josefs Hand fester umklammert. «Warum sollte man sich wehtun, wenn man sich liebhat?», fragt Maria leise, während sie ein Paar beobachtet, das die Lust am Schmerz auslebt.

«Ich verstehe eure Verwirrung», beginne ich. «Aber hier, in diesen Mauern, ist Schmerz nicht einfach Schmerz. Er ist ein Ausdruck, ein Gespräch zwischen Liebenden. Ein Zeichen von tiefem Vertrauen und Hingabe.»

Josef scheint nachzudenken, die Stirn in Falten gelegt, während Maria noch immer zwischen Faszination und Abwehr schwankt. Ihre Unschuld lässt mich innehalten, erinnert mich an meine eigenen ersten Schritte in dieser Welt. Wie fremd und beängstigend sie mir damals erschien.

4

Die Nachricht von Marias Schwangerschaft trifft mich wenige Tage später wie ein Schlag. Der Tempel, ein Ort der Freiheit und des Vergnügens, wird plötzlich zum Schauplatz einer drohenden Tragödie.

Herodes, der undurchschaubare und mächtige Herrscher des Venustempels, fühlt sich durch die unerwartete Wendung in seinem sorgsam gepflegten Reich der Sinne bedroht. Der Tempel, ein verborgenes Refugium sinnlicher Ekstasen und dunkler Begierden, ist ein Ort, an dem die Elite ihre tiefsten Wünsche ausleben konnte, ohne das Urteil der Welt fürchten zu müssen. Hier, in den geheimen Kammern und schattigen Winkeln, wo das Flüstern der Seide und das Rascheln des Leders die Luft erfüllt, gelten die Regeln der gewöhnlichen Welt nicht. Jede noch so verbotene Lust ist erlaubt, jede Fantasie erreichbar, ohne dass die Last der Konsequenzen die Beteiligten erdrückt.

Doch die Nachricht von Marias Schwangerschaft droht die fein gesponnene Illusion von Freiheit und Folgenlosigkeit zu zerreißen. Herodes, dessen Herz so dunkel ist wie seine Geheimnisse, sieht in der Schwangerschaft ein beunruhigendes Zeichen. Es ist der unmissverständliche Beweis dafür, dass selbst in seinem Reich der absoluten Kontrolle und des Vergnügens die Taten nicht immer ohne Folgen bleiben.

In seinem Herzen, das von der Furcht vor dem Verlust seiner Macht und dem Ende der ungestörten Nächte voller Leidenschaft gequält ist, erkennt Herodes, dass die Existenz eines Kindes, das aus den Begegnungen innerhalb seiner Mauern hervorging, die sorgfältig aufrechterhaltene Fassade zerstören könnte. Der bloße Gedanke, dass die Freuden, die in seinen Hallen genossen wurden, reale und dauerhafte Folgen haben könnten, reicht aus, um seine Welt ins Wanken zu bringen. Er musste handeln, entschlossen und schnell, um das Bild des Venustempels als Ort zu bewahren, an dem alles möglich ist und nur das Vergnügen zählt.

In der Stille der Nacht treffen Dominus und ich uns. «Wir müssen ihnen helfen. Maria und das werdende Leben in ihr sind in Gefahr», sage ich und wundere mich über meine Entschlossenheit. Dominus, dessen Augen einst voller Spott waren über die junge Liebe und das Gerede von der unbefleckten Empfängnis, nickt ernst.

Die Flucht ist hastig, ein Wettlauf gegen die Zeit und gegen die Dunkelheit, die hinter jedem Schatten lauert. Als Maria in einem abgelegenen Stall unter den Geburtswehen schreit, sind es unsere Hände, die sie halten, unsere Stimmen, die sie beruhigen.

5

Am nächsten Morgen blicken Dominus und ich auf die schlafende junge Familie. Es ist ein Bild, das in mir eine seltsame Sehnsucht weckt, eine Sehnsucht nach etwas, das ich bisher nie vermisst habe.

«Was wird aus ihnen werden?», murmelt Dominus neben mir.

«Ich weiß es nicht», antworte ich leise. «Aber ich glaube, sie werden ihren Weg finden. Sie haben etwas Besonderes an sich, etwas, das sie durch jede Dunkelheit führen wird.»

Während wir zusehen, wie sie sich auf den Weg machen, einen

Karren beladen mit wenigen Habseligkeiten und einem Übermaß an Liebe, empfinde ich eine Mischung aus Trauer und Freude.

Dominus sieht mich fragend an. «Woran denkst du?», fragt er.

«Ich denke an die Liebe – die reine, einfache Liebe. Ich frage mich, ob wir in all unseren Spielen der Macht und des Begehrens jemals wirklich verstanden haben, was das bedeutet.»

Dominus schweigt einen Moment, dann kommt er näher, berührt leicht meine Wange. «Vielleicht», sagt er leise, «ist es an der Zeit, dass auch wir beginnen, in eine neue Ära aufzubrechen.» Seine Worte hängen in der Luft, erfüllt von einer Verheißung, die weit über das Gesagte hinausgeht.

Dann, mit einer ebenso unerwarteten wie symbolischen Geste, legt mir Dominus ein ledernes Halsband um. «Aber vorher müssen wir noch eine Lektion im Tempel absolvieren.» Behutsam, aber mit fester Hand führt er mich an einer Leine zurück in den Tempel der Venus, unser gemeinsames Reich der Lust und der Macht.

E. L. James ist das Pseudonym der 1963 in London geborenen Erika Leonard. Im Jahr 2011 veröffentlichte sie ihren ersten Roman «Fifty Shades of Grey», der zum Bestseller wurde und den Auftakt zur erotischen «Shades of Grey»-Trilogie bildete. Die Bücher über die BDSM-Beziehung zwischen der Studentin Anastasia Steele und dem Milliardär Christian Grey wurden zu einem weltweiten Phänomen und in mehr als 50 Sprachen übersetzt.

Karl Marx: Die proletarische Weihnachtsgeschichte

Anstatt eines Prologs:

In der dunkelsten Ecke der kapitalistischen Gesellschaftsordnung, wo das Proletariat unter der unerbittlichen Ausbeutung zu zerbrechen drohte, befand sich das bescheidene Heim des Genossen Josef. An der Schwelle zu einer neuen Epoche, die dazu bestimmt war, das Gesicht der Welt für immer zu verändern, litt seine Gefährtin Maria, eine Ikone des proletarischen Widerstands, unter den Schmerzen der bevorstehenden Niederkunft ihres Kindes und unter den erdrückenden Bedingungen der kapitalistischen Produktionsverhältnisse.

Die Geburtsstunde der Revolution:

In der Enge eines Stalls, nur gedacht als Obdach für das Vieh der besitzenden Klasse, vollzog sich die Geburt des proletarischen Messias. Umgeben von den unterdrückten Kreaturen der Erde, den Schafen und Ochsen, welche die ausgebeuteten Massen verkörperten, brachte Maria das Kind zur Welt.

Josef, erfüllt von einer tiefen Klassensolidarität, hüllte den Neugeborenen in Lumpen, die stillen Zeugnisse von Not und Entbehrung, und bettete ihn in eine Krippe, geschaffen aus dem Holz der Knechtschaft und dem Stroh der Armut.

Die Wegbereiter:

Drei Parteifunktionäre aus dem Morgenland, angetrieben von der festen Überzeugung vom Anbruch einer neuen Ära der Gerechtigkeit, folgten dem leuchtenden Stern der Revolution. Dieses kosmische Zeichen des proletarischen Aufbruchs leitete sie zum schlichten Stall, wo sie den Messias, eingebettet in die einfachen Bedingungen der Arbeiterklasse, in Demut vorfanden. Symbolisch für Wissen, Solidarität und den unerschütterlichen Glauben an die Sache des Proletariats, legten sie zu seinen Füßen verschiedene Produktionsmittel ab.

Die ländliche Avantgarde:

Die Hirten, Vertreter der gebeutelten Landbevölkerung und gezeichnet von der rücksichtslosen Ausbeutung durch die Feudalherren, wurden durch den Klang himmlischen Chorgesangs zum Ort der Hoffnung gerufen. Sie erkannten in dem Kind den Verkünder der Befreiung des Proletariats, das Zeichen des kommenden Umsturzes und der Befreiung von der Knechtschaft. In einer feierlichen Zeremonie schworen sie, die Botschaft der revolutionären Verheißung in jedes Dorf und zu jeder bedrückten Seele zu tragen, die sie auf ihren Wegen kreuzen würden.

Der Marsch ins Exil:

Herodes, der tyrannische Monarch und Sinnbild der bourgeoisen Herrschaft, erkannte in dem neugeborenen Messias eine Bedrohung für sein despotisches Regime. In einem verzweifelten Versuch, die Keimzelle des proletarischen Aufstands zu ersticken, ordnete er die grausame Tötung aller Kinder in Bethlehem an. Getrieben von der tiefen Sorge um das Wohl ihres Kindes, ergriffen Josef und Maria mit dem Messias die Flucht nach Ägypten, einer Bastion für die Unterdrückten und Revolutionäre.

Die Heimkehr des Hoffnungsträgers:

Mit dem Ableben des Herodes kehrte die Heilige Familie zurück nach Nazareth. Dort, umgeben von der schlichten Realität des Proletariats, erwuchs der Messias zum unerschütterlichen Führer der Arbeiterklasse. Er verkündete die Lehre von Gleichheit, Brüderlichkeit und Gerechtigkeit und beschwor das Proletariat, die Ketten der kapitalistischen Ausbeutung zu zerschlagen. In den Gassen Nazareths und den umliegenden Dörfern bildeten sich Zellen des Widerstands, kleine Gemeinschaften, die sich dem Studium der Schriften des Messias' widmeten.

Das Berg-Manifest:

Auf den Höhen eines Berges und vor den Augen der unterdrückten Massen, entfaltete der Messias die Vision einer neuen Weltordnung und verkündete die Preisungen des Kampfes. «Selig sind die Unterdrückten und Ausgebeuteten, denn ihnen gehört die Zukunft der Produktionsmittel.» Er entlarvte die Doppelmoral der Oberschicht und brandmarkte die gnadenlose Ausbeutung durch die Bourgeoisie. Dieser Tag am Berg wurde zu einem Symbol des kollektiven Strebens nach einer besseren Welt.

Die Macht der Solidarität:

Durch seine Taten, die Speisung der Tausenden und Heilung der Entrechteten, bewies der Messias die unerschütterliche Kraft des Proletariats. Er zeigte auf, dass die vereinte Solidarität der Arbeiterklasse in der Lage ist, eine neue Weltordnung zu erschaffen. Sein Wirken entfachte ein Feuer der Hoffnung in den Herzen der Unterdrückten und demonstrierte eindrucksvoll, dass selbst in Zeiten größter Not die gegenseitige Unterstützung und das kollektive Handeln die Grundpfeiler für den Aufbau einer gerechteren Gesellschaft sind.

Am Kreuz der Unterdrückung:

Judas, verführt durch die schillernden Versprechen der Machtelite und getrieben von der Illusion, die Veränderung könne innerhalb des bestehenden Systems herbeigeführt werden, geriet in den ewigen Konflikt zwischen Idealismus und Pragmatismus und verriet den Messias. Pilatus, in seiner Betrachtung der Ereignisse, ließ eine zynische Reflexion über die Rolle der Religion als Betäubungsmittel der Massen durchscheinen – Worte, die in abgewandelter Form die Jahrhunderte überdauern würden.

Die Auferstehung als Symbol ewigen Widerstands:

Am dritten Tage erhob sich der Messias aus dem Grabe, ein unsterbliches Symbol für die Unbesiegbarkeit des Proletariats. Die Nachricht von seiner Auferstehung verbreitete sich wie ein Lauffeuer unter den Unterdrückten und Entrechteten der Welt und entzündete in ihnen eine neue Hoffnung und den Glauben an die Möglichkeit des Sieges gegen die übermächtigen Strukturen der Ausbeutung – ihre Botschaft ein ewiges Echo des Widerstands, das durch die Jahrhunderte hallt und die Unterdrückten überall inspiriert, für ihre Befreiung zu kämpfen.

Der Aufstieg zur ewigen Revolution:

Der Messias stieg zum Himmel auf, um von dort aus die Bewegung des Proletariats bis zum endgültigen Triumph über die kapitalistische Sklaverei zu lenken. Seine Lehren und Taten wurden zum Fundament einer unermüdlichen globalen Bewegung, die sich der Verwirklichung einer Gesellschaft verschrieben hat, in der die Produktionsmittel in den Händen der Gemeinschaft liegen und jeder Mensch frei von den Fesseln der wirtschaftlichen Not leben kann.

Karl Marx (1818–1883) entwickelte zusammen mit Friedrich Engels die Theorie des Kommunismus (auch Marxismus genannt), die sich gegen die Klassengesellschaft und die Ausbeutung der Arbeiter im 19. Jahrhundert richtete. In Werken wie dem «Kommunistischen Manifest» (1848) und «Das Kapital» (1867) entwickelte Marx Ideen, die einen enormen Einfluss auf die weltweite Arbeiterbewegung hatten und bis heute die Diskussionen über Wirtschaft, Gesellschaft und Politik prägen.

Heinrich Hoffmann:
Der Struwweljesus

Sieh da mit dem Ring-Licht,
Struwweljesus ins Gesicht
Selfiestick in der Hand,
Postet aus dem Heilgen Land.
Jünger folgen, liken, teilen,
Setzen Hashtags ohne weilen
Maria schimpft es schlecht und tadelt,
Lieber Sohn: Die Demut adelt!

Heinrich Hoffmann (1809–1894) war ein deutscher Psychiater und Schriftsteller, der vor allem durch sein Kinderbuch «Der Struwwelpeter» bekannt wurde. Ursprünglich für seinen eigenen Sohn geschrieben, enthält das Buch eine Sammlung moralischer Geschichten in Versform, die sich durch drastische Darstellungen und schwarzen Humor auszeichnen. Das Buch hat Generationen von Kindern geprägt und wird auch heute noch gelesen, auch wenn die pädagogischen Inhalte als überholt gelten.

Donna Leon: Zweifelhafte Kanäle

Di quell'amor, quell'amor ch'è palpito
Dell'universo, Dell'universo intero,
Misterioso, Misterioso altero.

Liebe ist der Puls
des gesamten Universums,
geheimnisvoll und erhaben.

La traviata

1.

Regelmäßig zwischen Ende Januar und Mitte März erwacht
Venedig aus dem Winterschlaf. Dann pulsiert die sonst so stille
Stadt mit der Energie der Besucher aus aller Welt, und Masken
und Kostüme verleihen dem Alltag der Venezianer einen Hauch
von Magie.

Genau in dieser Zeit fanden Maria und Giuseppe, eine junge
Ingenieurin und ein begabter Statiker, ihren Weg in die Stadt. Auf
der Suche nach einer neuen Beschäftigung hatten sie von dem
Projekt «Mose» der italienischen Regierung gehört und waren
sofort fasziniert.

Das milliardenschwere Bauprojekt, dessen Kürzel auf «Modulo
Sperimentale Elettromeccanico» zurückgeht, sollte Venedig mit
einem ausgeklügelten Schleusensystem vor den steigenden
Fluten schützen. Maria und Giuseppe sahen darin eine ein-
malige Gelegenheit, ihre Fähigkeiten und ihr Engagement für

den Umweltschutz unter Beweis zu stellen. Also reisten sie nach Venedig, um sich persönlich bei der Bauleitung vorzustellen.

Als sie aus dem belebten Bahnhof Santa Lucia im Stadtteil Cannaregio traten, war es sofort um sie geschehen.

«Stell dir vor, wir könnten hier arbeiten», seufzte Maria mit Blick auf die malerische Kulisse. «Wir könnten Teil von etwas ganz Großem sein. Wir könnten helfen, diese wunderbare Stadt für die Zukunft zu erhalten!»

Mit diesen Gedanken machten sich Maria und Giuseppe auf die Suche nach einer Bleibe für die Nacht, doch der Karneval hatte die Stadt fest im Griff. In jeder Pension und selbst in Hotels, die normalerweise über ihrer Preisklasse lagen, wurden sie mit dem gleichen bedauernden Kopfschütteln empfangen: «Alles ausgebucht.»

Die Stunden vergingen, und die Dunkelheit senkte sich über die Stadt. Marias Schritte wurden schwerer. Nun machte sich ihre Schwangerschaft doch bemerkbar. Erschöpft lehnte sie sich an eine Hauswand und holte tief Luft. «Giuseppe», sagte sie mit zitternder Stimme, «ich kann nicht mehr. Wir müssen irgendwo unterkommen.»

Giuseppe sah sich ratlos um. Verzweifelt schlug er vor, zur Baustelle «Mose» am Lido zu fahren, in der Hoffnung, dort vielleicht einen Unterschlupf für die Nacht zu finden. Und tatsächlich, gut versteckt hinter einigen Kränen entdeckten sie einen verlassenen Baucontainer, der unverschlossen war.

Kaum hatten sie sich im Inneren des Containers eingerichtet, hörten sie Schritte. Maria und Giuseppe hielten den Atem an. Langsam öffnete sich die Tür, eine Gestalt trat ein.

«Commissario Brunetti, mein Name. Guten Abend! Besucher sind hier auf der Baustelle eher selten, vor allem um diese Zeit. Darf ich fragen, was Sie hierherführt?»

Maria und Giuseppe sahen sich kurz an, bevor sie ihre Situation erklärten. Sie erzählten von ihrer Reise, ihrer Leidenschaft für ihren Beruf und ihrer Hoffnung, Teil des Projekts Mose zu werden. Brunetti hörte aufmerksam zu, und sein Blick wanderte zwischen den beiden hin und her, bis er an Marias hochschwangerem Bauch hängenblieb.

Brunetti nickte verständnisvoll: «Ich verstehe.»

Er drehte sich um und verließ den Container. Maria und Giuseppe sahen ihm nach, unsicher, was sie nun erwartete. Wenige Minuten später kam ein junger Polizist mit einem Bündel Decken im Arm zurück. «Hier, der Commissario dachte, ihr könntet das gebrauchen», sagte er mit einem freundlichen Lächeln und verschwand wieder.

2.

Mit dem Tageslicht erwachte Venedig langsam zum Leben. Die Stille des Morgens wich den Geräuschen der Stadt, die sich auf einen neuen Tag vorbereitete. Giuseppe lag wach, seine Gedanken kreisten unruhig. Vorsichtig streckte er sich, um Maria nicht zu wecken.

Vor dem Container unterhielten sich Männer leise. Sie sprachen im Flüsterton, aber in der Stille des frühen Morgens konnte Giuseppe einige Gesprächsfetzen aufschnappen.

«Es ist zu riskant», hörte er eine der Stimmen sagen. «Die Struktur könnte dem Druck nicht standhalten. Wenn sich herausstellt, dass wir viel weniger Material verbaut haben, als in den Unterlagen zur Statik vorgeschrieben ist ...»

«Keine Sorge», antwortete eine andere Stimme, tiefer und beruhigender. «Wir haben alles unter Kontrolle. Niemand wird etwas merken. Und denk an das viele Geld, das wir dafür bekommen. Also verlier jetzt nicht die Nerven!»

Langsam entfernten sich die Männer, doch die Worte hallten in Giuseppes Kopf nach. Ein kalter Schauer lief ihm über den Rücken. Sein Herz schlug schneller, und er spürte, wie die Anspannung in ihm wuchs.

Er musste mit Maria sprechen und weckte sie sanft. «Maria, ich habe etwas gehört ...»

«Warte, Giuseppe. Ich hatte gerade einen Traum. Ein Mann, er nannte sich Gabriele, sagte mir, dass wir einen Sohn bekommen würden. Er nannte ihn ein Licht für Venedig in dunklen Zeiten.»

«Jaja, sehr interessant», antwortete Giuseppe abwesend, «aber hör mir bitte einen Moment zu, Maria. Ich glaube, ich habe gerade etwas Wichtiges gehört.»

Ohne eine Antwort abzuwarten, erzählte er ihr von dem Gespräch, das er belauscht hatte. Maria hörte mit großen Augen und offenem Mund zu. Auch ihr war die Tragweite der Sache bewusst.

«Wir müssen etwas tun, Josef! Vielleicht sollten wir Commissario Brunetti kontaktieren. Er hat uns gestern geholfen, vielleicht hilft er uns auch jetzt.»

3.

Kaum hatten sie den Baucontainer verlassen, wurden sie von einem Mann angesprochen, der Maria seltsam bekannt vorkam.

«Entschuldigen Sie die Störung», sagte er mit ruhiger, aber bestimmter Stimme. «Mein Name ist Gabriele.»

Giuseppe war überrascht. «Gabriele? Wie der Mann aus dem Traum meiner Frau?»

Ein leichtes Lächeln umspielte Gabrieles Lippen, doch sein Blick blieb undurchdringlich. «Manchmal sind Träume mehr als nur Schatten der Nacht. Aber darüber sollten wir an einem passenderen Ort sprechen.»

Maria war verwirrt. «Wer sind Sie, und was wollen Sie von uns?»

«Wer ich bin, spielt keine Rolle, aber ich habe Informationen über das Projekt Mose. Und ich brauche Leute, denen ich vertrauen kann.»

Er machte eine Pause und sah sie eindringlich an. «Ich denke, dass Sie diese Leute sind. Folgen Sie mir, und ich erzähle Ihnen mehr über die Sache.»

Eiligen Schrittes folgten sie Gabriele durch die stillen Gassen Venedigs. Ihr Weg führte sie zu einer kleinen, unscheinbaren Osteria in der Nähe des Campo della Misericordia. Vorsichtig traten sie ein. Kaum hatten sie die Tür hinter sich geschlossen, umfing sie eine gedämpfte Stille.

Sie nahmen in einer dunklen Ecke Platz, und Gabriele reichte ihnen ein Päckchen. «Diese Dokumente beweisen, wie schlampig bei Mose gearbeitet wird. Da stecken sich Leute Millionen in die eigene Tasche. Es geht um Korruption in den höchsten Kreisen.»

«Danke, Gabriele», sagte Giuseppe mit fester Stimme, «wir werden der Sache nachgehen. Wir wollten eh zur Questura.»

Sie verließen die Osteria und machten sich auf den Weg zur Questura, dem Hauptgebäude der Polizei von Venedig. Doch kaum hatten sie das Gebäude betreten, spürte Maria einen stechenden Schmerz in ihrem Unterleib. Erschrocken riss sie die Augen auf. «Giuseppe», keuchte sie, «es ist so weit.»

In diesem kritischen Moment vergaßen sie alles um sich herum. Giuseppe rief um Hilfe, und Commissario Brunetti, der zufällig gerade den Flur entlangkam, eilte sofort herbei. Mit einem Blick erfasste er den Ernst der Lage und führte die beiden zu seinem alten, etwas ramponierten Privatwagen. Mit einer Stimme, die keinen Widerspruch duldete, sagte er: «Ich bring euch ins Krankenhaus. Und zwar sofort!» Er holte ein mobiles blaues Polizeilicht aus dem Kofferraum, befestigte es auf dem Dach des Wagens und fuhr los.

Dauerhupend manövrierte Brunetti den Wagen durch die engen Gassen Venedigs, ignorierte Verkehrsregeln und überfuhr rote Ampeln. Passanten sprangen erschrocken zur Seite, als der Wagen mit atemberaubender Geschwindigkeit an ihnen vorbeirauschte. Mit quietschenden Reifen kam er vor dem Ospedale Civile SS. Giovanni e Paolo zu stehen, einem der größten Krankenhäuser Venedigs, ganz in der Nähe der berühmten Basilika Santi Giovanni e Paolo.

Maria wurde in den Kreißsaal gebracht, wo bereits ein Ärzteteam und eine erfahrene Hebamme auf sie warteten – ein Anruf von Brunetti während der rasanten Fahrt hatte sie vorbereitet. Wenig später brachte Maria einen gesunden Jungen zur Welt. Sie nannten ihn Luce, ein Licht in der Dunkelheit.

Am nächsten Tag erschienen überraschend drei Männer in dunklen Anzügen an ihrem Krankenbett. Sie brachten eine teure Armbanduhr für Giuseppe, kostbaren Schmuck für Maria und ein Sparbuch für Luce.

«Wir wünschen dem kleinen Luce alles Gute zur Geburt und Ihnen, dass Sie möglichst lange gesund bleiben», sagte der Sprecher mit einem glatten Lächeln. «Und im Gegenzug hoffen wir, dass Sie uns die Unterlagen, die Sie von Gabriele erhalten haben, aushändigen und Stillschweigen bewahren.»

Maria starrte die Männer an. «Unser Schweigen ist nicht käuflich, und die Wahrheit wird ans Licht kommen.» Ihr Mut überraschte sogar Josef, der sie mit einem stolzen Lächeln ansah.

Der Sprecher der Gruppe seufzte und wandte sich an seine Begleiter. «Es sieht so aus, als kämen wir hier vorerst nicht weiter.» Er blickte auf den kleinen Luce, der neben Maria in seinem Babybettchen lag. «Darf ich?», fragte er, und bevor Maria reagieren konnte, hatte er das Baby schon auf den Arm genommen.

Luce, der bis dahin friedlich geschlafen hatte, öffnete die Augen und blickte den Mann neugierig an. Seine kleinen Hände griffen spielerisch nach der glänzenden Weste des Mannes, und im nächsten Moment hatte er unbemerkt etwas gegriffen.

Maria hatte Angst um den Kleinen und rief: «Geben Sie mir mein Kind zurück!», und der Mann legte ihr Luce schließlich aufreizend langsam in den Arm. Dann nickte er seinen Begleitern zu. «Fürs Erste gehen wir, aber vergesst nicht: Wir haben unsere Augen und Ohren überall.»

Mit diesen Worten verließen die Männer den Raum, und Maria und Giuseppe atmeten erleichtert auf. Sie bemerkten nicht, dass Luce seine kleine Hand immer noch geschlossen hielt, als würde er einen Schatz darin verbergen.

4.

Am frühen Morgen, wenige Tage nach der Geburt ihres Sohnes, machten sich Maria und Giuseppe wieder auf den Weg zur Questura. Im Kommissariat empfing sie Signorina Elettra, Brunettis unerschütterliche Sekretärin. Mit einem kurzen Nicken führte sie das Paar direkt in Brunettis Büro.

Brunetti hörte aufmerksam zu, als die beiden jungen Eltern von ihren ungebetenen Besuchern berichteten. Seine Augen verengten sich, als er durch Gabrieles Unterlagen blätterte und von den Bestechungsversuchen und Drohungen der Geschäftsleute hörte. «Das ist sehr beunruhigend», murmelte er. «Aber das letzte Puzzleteil fehlt noch. Für Haftbefehle wird die Staatsanwaltschaft mehr von mir verlangen.»

Sein Gesicht wurde ernst. «Ihr müsst jetzt sehr vorsichtig sein», warnte er das Ehepaar. «Diese Leute schrecken vor nichts zurück.» Er reichte Giuseppe seine Visitenkarte. «Ruft mich an, wenn irgendetwas ist. Egal zu welcher Tages- oder Nachtzeit.»

Nach dem Gespräch lud Brunetti die junge Familie und seine Sekretärin Elettra in seine Stammtrattoria «La Zucca» im Sestiere Santa Croce ein, um in entspannter Atmosphäre die nächsten Schritte zu besprechen. Sie tranken ein Glas feinsten Amarone und aßen Polenta e Schioppettino, ein venezianisches Gericht aus Polenta und Wurst.

Während des Essens diskutierten sie weiter über das Moses-Projekt und überlegten, wie sie am besten vorgehen sollten.

Als sie das Restaurant verließen, herrschte eine bedrückende Stille. Maria und Giuseppe waren sich der Gefahr bewusst, in der sie schwebten. Der Polizeischutz, unter dem sie nun standen, erinnerte sie ständig an den Ernst ihrer Lage. Ihr Alltag hatte sich verändert, und sie lebten nun wie Gejagte im Verborgenen.

5.

Monate waren vergangen, seit die drei Männer Maria und Giuseppe im Krankenhaus besucht hatten. Commissario Brunettis Ermittlungen gegen die korrupten Geschäftsleute schienen ins Stocken zu geraten. Die Beweise waren dürftig, und die Zeit lief gegen sie.

Um sie zu unterstützen und ein Auge auf sie zu haben, hatte Brunetti die junge Familie kurzerhand in seiner Wohnung aufgenommen. An einem trüben Nachmittag saßen Maria und Giuseppe im Wohnzimmer der Brunettis, umgeben von riesigen Dokumentstapeln, die sie in den letzten Wochen gesammelt hatten. Sie hofften, auf etwas zu stoßen, das sie bisher übersehen hatten, irgendeinen Hinweis, der ihnen bisher entgangen war. Luce lag nebenan in seiner Wiege.

«Wir haben alles durchsucht», seufzte Giuseppe.

«Vielleicht haben wir etwas übersehen», murmelte Maria.

In diesem Moment hörte Maria ein leises Klirren. Neugierig ging sie zur Wiege und entdeckte, dass Luce mit einem metallenen Gegenstand spielte. Überrascht nahm sie ihn in die Hand. «Woher hast du das, Luce?», fragte sie erstaunt.

Giuseppe kam näher, um einen Blick darauf zu werfen. «Sieht aus wie ein alter Schlüssel.»

Maria starrte den Schlüssel an. Ihre Gedanken kehrten zu dem Tag im Krankenhaus zurück. «Könnte es sein», begann sie zögernd, «dass Luce ihn irgendwo gefunden hat?»

«Gefunden? Aber wo?», fragte Giuseppe, nun auch nachdenklich.

«Weißt du noch, als die Männer im Krankenhaus waren?», sagte Maria langsam, als müsste sie erst ihre Erinnerungen sortieren. Maria und Giuseppe sahen sich an, langsam blitzte die Erkenntnis in ihren Augen auf.

«Einer der Männer hat Luce auf den Arm genommen. Könnte es sein, dass Luce damals irgendwie an den Schlüssel gekommen ist und wir ihn unbemerkt mit unseren Sachen hierhergebracht haben?», mutmaßte Maria.

Ohne ein weiteres Wort griffen sie zum Telefon und riefen Commissario Brunetti an.

Brunetti antwortete nur kurz: «Das könnte der Durchbruch sein.» Als er wenig später bei Giuseppe und Marie eintraf und den Schlüssel sah, war ihm sofort klar, dass er zu einem Schließfach gehören musste. Gemeinsam klapperten sie daraufhin die unterschiedlichen Banken ab und wurde schließlich fündig. Im Schließfach befanden sich unzählige Dokumente und Beweise, die Korruption und Schmiergeldzahlungen im Zusammenhang mit dem Mose-Projekt aufdeckten.

Brunetti setzte alle Hebel in Bewegung, um eine groß angelegte Razzia zu organisieren. Die Straßen Venedigs waren erfüllt vom Dröhnen der Polizeifahrzeuge und dem Flackern der Blaulichter, als die Beamten von Haus zu Haus gingen, um die Beteiligten zu verhaften. Die korrupten Geschäftsleute und Politiker wurden in Handschellen abgeführt, ihre Gesichter waren von Scham und Schock gezeichnet. Es war ein großer Sieg für die Gerechtigkeit, und Brunetti wurde tagelang als Held Venedigs gefeiert.

Doch Brunetti blieb nachdenklich. Er wusste, dass dies nur die Spitze des Eisbergs war. Die Korruption war tief in die Strukturen der Stadt eingedrungen. Auch wenn einige Schuldige gefasst waren, wusste er, dass der Kampf noch lange nicht gewonnen war. «Die Korruption ist wie eine Hydra», murmelte er. «Wenn man ihr einen Kopf abschlägt, wachsen zwei neue nach.»

Die Jahre vergingen und Luce wuchs heran. Fasziniert von den Geschichten Brunettis, der sein Patenonkel geworden war, beschloss er, ebenfalls Polizist zu werden. Er arbeitete hart, zeigte außergewöhnliches Engagement und stieg in Rekordzeit die Karriereleiter hinauf.

Als er schließlich Polizeichef wurde, war er jünger als jeder andere in diesem Amt vor ihm. Er wirkte Wunder im Kampf gegen die Kriminalität, führte Reformen durch und kämpfte unermüdlich für das Gute. Die Stadt begann sich zu verändern, und die Menschen spürten, dass sie einen Verbündeten im Kampf für Gerechtigkeit hatten.

Anlässlich Brunettis Übertritt in den wohlverdienten Ruhestand organisierte Luce eine feierliche Zeremonie im Rathaus. Er dankte dem Commissario für seine jahrelange Hingabe und seinen unermüdlichen Kampf gegen das Böse. In einem feierlichen Akt überreichte er Brunetti eine vergoldete Nachbildung des Schlüssels, mit dem alles begonnen hatte.

«Dieser Schlüssel hat uns damals die Tür zur Gerechtigkeit geöffnet», sagte Luce mit fester Stimme. «Und er erinnert uns daran, dass wir niemals aufhören dürfen zu kämpfen.»

Brunetti blickte auf den goldenen Schlüssel in seiner Hand und empfand eine Mischung aus Stolz und Melancholie. Er hatte sein Bestes gegeben, und nun war es an der nächsten Generation, den Kampf fortzuführen.

Er wusste, dass die Stadt in guten Händen war.

Die in den USA geborene und aufgewachsene **Donna Leon (*1942)** gilt als Erfinderin des «Venedig-Krimis» und ist eine der bekanntesten Krimiautorinnen im deutschsprachigen Raum. Ihr erstes Buch mit dem feinsinnigen Commissario Guido Brunetti erschien bereits Anfang der 80er-Jahre. In ihren mittlerweile mehr als 30 Brunetti-Romanen schreibt Leon über spannende Kriminalfälle, in denen es oft um Korruption, Umweltverschmutzung und soziale Missstände in der Lagunenstadt geht.

Joanne K. Rowling: Harry Potter und der Lichtbringer

Kapitel 1: Die Ankunft

In den stillen Tagen der Winterferien, als ein Großteil der Hog-
warts-Schülerschaft die verschneiten Weiten des Schlossgelän-
des gegen die vertraute Umarmung ihrer Familien eingetauscht
hatte, fanden Harry Potter und seine Freunde, Ron Weasley und
Hermine Granger, Trost in der Ruhe und Abgeschiedenheit, die
nun die altehrwürdigen Hallen erfüllte. Zusammengekauert vor
dem lodernden Kamin im Gemeinschaftsraum von Gryffindor,
einem heimeligen Refugium gegen die klirrende Kälte draußen,
hielten sie Bratäpfel an langen Stöcken in die knisternden Flammen. Die Wärme des Feuers erhellte ihre Gesichter, während
draußen der Schnee leise gegen die Fensterscheiben wirbelte. In
diesem friedlichen Moment, weit weg von der Hektik der Termine
und Abenteuer, fanden die drei Freunde einen seltenen Moment
der Stille, ein kostbares Geschenk in den Wirren ihrer sonst so
turbulenten Schulzeit.

Plötzlich donnerte es, und die Luft schien sich vor ihnen auf-
zutun.

Aus dem grell leuchtenden Spalt tauchten zwei Gestalten auf,
die im krassen Gegensatz zur winterlichen Pracht von Hogwarts
standen. Sie waren einfach gekleidet, in Gewändern, die von einer
langen Reise zeugten. Die ausgetretenen Sandalen boten kaum
Schutz gegen die Kälte. Die Frau war unverkennbar schwanger.
Der Mann an ihrer Seite schien besorgt. Mit einem leisen Zischen
schloss sich der Spalt, und das Paar stand mitten im Raum.

«Äh … Hallo?», wagte Harry vorsichtig. «Können wir helfen?»

«Tut uns leid, wir wollten euch nicht erschrecken», antwortete die Frau. «Ich heiße Maria, und das ist Josef. Wir sind ... ein wenig vom Weg abgekommen.»

In diesem Moment traten Professor Dumbledore und Professor Snape hinzu. Dumbledores Augen wanderten von Maria und Josef zu den drei Gryffindors.

«Willkommen in Hogwarts», sagte Dumbledore. «Es ist selten, dass wir Gäste auf diese Weise begrüßen, aber Hogwarts ist nicht nur ein Ort des Lernens, sondern auch der Zuflucht.» Doch unter seiner herzlichen Begrüßung lag eine Spur von Besorgnis, ein seltenes Zögern, das nur denen auffiel, die ihn gut kannten.

Professor Snape dagegen ließ seinem Ärger freien Lauf: «Albus, das ist absurd. Das sind Muggel! Wie kommen die hierher? Das ist eine ernsthafte Sicherheitslücke.» Misstrauisch musterte er die Neuankömmlinge. In seinen Augen lag eine ungewöhnliche Wachsamkeit, als ahnte er, dass mehr hinter dieser Ankunft steckte.

«Sie sind nicht zufällig hier. Und die Dunkelheit, die sie umgibt, ist kein gutes Omen», murmelte Snape, mehr zu sich selbst als zu den anderen.

Dumbledore sah Snape milde lächelnd an. «Severus, es gibt Momente im Leben, die sind magischer, als wir es uns vorstellen können, und dies», er deutete auf Maria und Josef, «ist einer dieser Momente. Aber wir müssen wachsam sein. Etwas Unsichtbares ist mit ihnen hierhergekommen, eine Dunkelheit, die sich noch nicht offenbart hat. Harry, Ron, Hermine, ich möchte, dass ihr unseren Gästen Hogwarts zeigt und dafür sorgt, dass sie sich willkommen fühlen.»

Die drei Freunde nickten eifrig und führten Maria und Josef durch Hogwarts. Ihr Mitschüler Draco Malfoy beobachtete das Geschehen aus der Ferne. Sein Blick war finster und eifersüchtig auf Harry und die anderen gerichtet, aber er war auch unerklärlich fasziniert von den geheimnisvollen Besuchern und der Dunkelheit, die ihr Erscheinen zu begleiten schien.

«Irgendetwas stimmt hier nicht», murmelte Draco. «Vielleicht … Vielleicht sollte ich herausfinden, was es ist.»

Kapitel 2: Magische Vorbereitungen

Nachdem Harry, Ron und Hermine die Große Halle durchquert hatten, deren endlose Tische und Bänke für das bevorstehende Winterfest geschmückt waren, führten sie Maria und Josef in den Gryffindor-Turm. Der Weg dorthin war gesäumt von lebendigen Porträts, die ihnen mal neugierige, mal missmutige Blicke zuwarfen, und von Treppen, die sich launisch bewegten, als hätten sie ein eigenes, geheimes Leben.

Im Gemeinschaftsraum angekommen, boten die drei Freunde Maria und Josef die besten Plätze am knisternden Feuer an. Hermine zog einen warmen Strickschal aus der Tasche und legte ihn Maria behutsam um die Schultern. Ron, dessen Gedanken oft um kulinarische Genüsse kreisten, präsentierte eine Tafel feinster Schokolade von Honeydukes, die er den Gästen mit einem breiten Grinsen anbot.

«Wir sollten ihnen ein Zimmer herrichten», schlug Hermine vor. «Etwas Gemütliches und Warmes. Professor McGonagall hat sicher nichts dagegen, wenn wir eines der leeren Lehrerzimmer benutzen.»

Als Hermine und Ron sich daranmachten, das Zimmer vorzubereiten, entdeckten sie in einer vernachlässigten Ecke des Raumes ein altes, staubbedecktes Buch, versteckt zwischen anderen vernachlässigten Schätzen. Hermine zog es vorsichtig hervor und schlug es auf. Die Seiten waren gefüllt mit kryptischen Hinweisen und Rätseln, die von längst vergessenen Geheimnissen zu erzählen schienen. «Ron, sieh dir das an», flüsterte sie. «Dieses Rätsel ... es erzählt von einem ‹Licht in der Dunkelheit› und einem ‹Kind, das die Welten vereint›. Könnte das etwas mit Maria und Josef zu tun haben?»

Bevor Ron antworten konnte, erschienen Fred und George Weasley, die von der ungewöhnlichen Ankunft gehört hatten. «Wir haben eine kleine Überraschung vorbereitet», verkündete Fred mit einem verschmitzten Lächeln. «Ein bisschen himmlische Magie, könnte man sagen.»

Bevor jemand etwas sagen konnte, zündeten die Zwillinge ein paar von ihnen erfundene Feuerwerkskörper, und wie von Zauberhand erschienen spektakuläre Bilder von Engeln, die in den Farben von Gryffindor leuchteten. Ein sanfter, goldener Schein hüllte Maria und Josef ein, ein Schutzzauber, der den Raum in ein warmes Licht tauchte.

«Einen Moment», sagte Hermine, während die goldenen Lichter sanft um Maria und Josef wirbelten. «Das ist kein gewöhnlicher Schutzzauber. Fred, George, ich glaube nicht, dass das von euren Feuerwerkskörpern kommt.»

Die Zwillinge tauschten einen verblüfften Blick aus und schüttelten gleichzeitig den Kopf. «Das war nicht geplant», gestand Fred. George fügte hinzu: «Wir wollten nur ein bisschen Licht ins Dunkel bringen, keine richtige Magie entfachen.»

Hermine betrachtete das Licht genauer, ihre Augen funkelten vor Aufregung. «Ich habe von solchen Erscheinungen gelesen. Es ist ein uralter Zauber, eine Schutzmagie, die tief in Hogwarts verwurzelt ist und nur in Zeiten größter Not von den Gründungsmitgliedern der Schule aktiviert wird. Dieses Licht ... ist eine Art magischer Anker, der reagiert, wenn besondere Gäste unter uns sind, die Schutz brauchen.»

In der Zwischenzeit hatte Ron den ausgewählten Raum mit ein paar Zaubersprüchen in einen gemütlichen Zufluchtsort verwandelt. Als alles fertig war, führten sie Maria und Josef in ihr neues Zimmer.

«Es ist nicht viel», sagte Ron etwas verlegen, «aber wir hoffen, dass ihr euch hier wohlfühlt.»

Maria sah sich um, ihre Augen glänzten feucht vor Rührung. «Das ist mehr, als wir je zu hoffen gewagt hätten», sagte sie leise. «Danke, dass ihr uns so freundlich aufgenommen habt.»

Kapitel 3: Interaktionen

Am nächsten Tag führten Harry, Ron und Hermine das Besucherpaar weiter durch Hogwarts und zeigten ihnen die vielen kleinen und großen Wunder der Zaubererwelt, von lebendigen Gemälden und sprechenden Statuen bis hin zur verzauberten Decke der Großen Halle, die den Himmel von draußen widerspiegelt.

Auf ihrer Erkundungstour traf die Gruppe auf Professor Flitwick, der in der Eingangshalle mit einem Chor aus singenden Fröschen beschäftigt war. Maria und Josef waren fasziniert von dem kleinen Professor, der ihnen zeigte, wie Magie selbst die einfachsten Dinge verzaubern kann.

Unterdessen fasste Draco Malfoy einen Plan. Er wollte mit einem spektakulären Zaubertrick die Aufmerksamkeit auf sich lenken und verwandelte die singenden Frösche in Pinguine. Professor Flitwick war alles andere als amüsiert und schickte ihn auf sein Zimmer.

Dort begann Draco über seine Taten und deren Folgen nachzudenken. Die Anwesenheit von Maria und Josef in Hogwarts und die ungewöhnlichen Ereignisse um sie herum weckten eine bisher unbekannte Seite in ihm. «Kann ich mehr tun, als nur im Schatten zu stehen?», fragte er sich, während in ihm ein Kampf zwischen seiner gewohnten Arroganz und einer neuen, unerwarteten Sensibilität entbrannte.

In der Stille der Nacht, als Hogwarts in einen tiefen Schlaf fiel, lag ein Gefühl der Vorahnung und des Schicksals über dem Schloss. Die magische und die nicht magische Welt, für einen kurzen, kostbaren Augenblick durch die Geschichte von Maria und Josef vereint, standen gemeinsam am Beginn einer Veränderung, deren Ausmaß noch nicht abzusehen war.

Kapitel 4: Die Geburt

Die Tage in Hogwarts waren von einer seltenen Harmonie geprägt. Die Ankunft von Maria und Josef hatte eine neue Wärme in das alte Schloss gebracht, die selbst die kältesten Korridore mit einem Gefühl der Hoffnung erfüllte.

Als eines Abends ein außergewöhnlich heller Stern über dem Schloss zu leuchten begann, spürten alle, dass etwas Großes unmittelbar bevorstand. Maria stand kurz vor der Geburt ihres Kindes.

Doch plötzlich breitete sich eine bedrückende Stille aus. «Sie haben uns gefunden», hauchte Maria mit vor Erkenntnis weit aufgerissenen Augen.

Dumbledore, der die tiefe Bedeutung dieser Ereignisse von Anfang an erkannt hatte, rief schnell alle verfügbaren Kräfte zusammen. «Jetzt müssen wir zusammenhalten», erklärte er entschlossen. Lehrer, Schüler und sogar die Geister des Schlosses versammelten sich, bereit, Hogwarts und seine Gäste zu verteidigen.

Inmitten des drohenden Unheils, als sich die Schatten wie ein dunkles Leichentuch über Hogwarts zu legen drohten, fand Draco Malfoy, getrieben von einem ungewohnten Gefühl des Mutes, den Weg zu Harry, Ron und Hermine. Seine Augen funkelten entschlossen, als er seinen Zauberstab zückte. «Ich bin auf eurer Seite», erklärte er mit unerwartet fester Stimme. In diesem Moment, der sonst undenkbar gewesen wäre, bildeten sie eine unerwartete Allianz. Ihre Zauberstäbe kreuzten sich, funkelnde Verteidigungslinien gegen die immer dichter werdende Dunkelheit.

«Lumos Maxima!», rief Hermine mit Nachdruck, und ein gleißend helles Licht erfüllte die Umgebung und drängte die schleichenden Schatten vorübergehend zurück. Ron, nicht minder entschlossen, folgte mit einem «Protego Horribilis!», einem Schutzzauber, der eine schimmernde Barriere um sie bildete. Harry Potter schloss sich mit einem «Expecto Patronum» an.

Trotz ihrer vereinten Kräfte schien die Finsternis unaufhaltsam. Doch in diesem Moment entfesselte das Kind in Marias Armen eine nie gekannte Kraft. Statt zu schreien, leuchtete das Kind auf, ein strahlendes Symbol der Hoffnung und Einheit, das den Raum mit himmlischem Glanz erfüllte.

Die dunklen Mächte, die so bedrohlich wirkten, wichen zurück, als das Licht des Neugeborenen sie berührte. Es war, als würde die reine, unverfälschte Hoffnung selbst sie vertreiben.

«Dieses Kind», murmelte Dumbledore ehrfürchtig, «verkörpert die Verbindung zwischen allen Welten. Es ist das Zeichen unserer unerschütterlichen Verbundenheit.»

Zu Ehren des Kindes und um diesen außergewöhnlichen Moment zu würdigen, organisierte Dumbledore eine Feier in der Großen Halle.

Professor Filius Flitwick überreichte dem Kind einen kleinen, kunstvoll verzierten Kelch. «Dieser Kelch», begann er, «ist kein gewöhnlicher Kelch. Wenn man Wasser hineingießt, verwandelt es sich in den besten Wein.»

Hagrid präsentierte dem Kind eine kleine leuchtende Schachtel, aus der er einen magischen Gegenstand hervorholte. «Dieser Hefewürfel», sagte er lächelnd, «kann aus einem Brot genug Brote machen, um viele Menschen zu ernähren.»

Professor Severus Snape, dessen Beitrag vielleicht am meisten überraschte, hielt ein kleines Fläschchen mit einem schimmernden Elixier in der Hand. «Dieser Trank», erklärte er, «kann selbst die schlimmsten Krankheiten heilen.»

Nun ergriff Dumbledore das Wort und begrüßte das Kind noch einmal im Namen aller Anwesenden ausdrücklich in Hogwarts. «Unter uns wird es die Zauberei erlernen und seine außergewöhnlichen Gaben zum Wohle aller einsetzen.»

Und tatsächlich erwies sich das Kind als gelehriger Schüler und Zauberer von ungewöhnlichem Talent.

Die Jahre vergingen, und der junge Zauberer wuchs zu einer Legende heran. Er gründete eine neue Schule, deren Mauern nicht nur der Magie, sondern auch dem Wissen der Muggel gewidmet waren. Sein Einfluss reichte weit über die Grenzen von Hogwarts hinaus, und seine Botschaften von Frieden und Nächstenliebe wurden zum Fundament einer neuen Weltordnung.

Joanne K. Rowling (*1965) ist eine britische Schriftstellerin, die mit ihrer Fantasy-Romanreihe «Harry Potter» weltberühmt wurde. Die Geschichten um den jungen Zauberer und seine Freunde wurden in über 80 Sprachen übersetzt und haben das Genre der Kinder- und Jugendliteratur maßgeblich geprägt. Rowling, die unter dem Pseudonym Robert

Galbraith auch Kriminalromane veröffentlicht, erhielt für ihre Bücher zahlreiche Auszeichnungen und war zeitweise die bestverdienende Autorin der Welt.

Mary Shelley: Frankensteins Messias

Kapitel 1

Dr. Victor Frankenstein hatte sich in sein Laboratorium zurückgezogen, eine Wunderkammer voller alchemistischer Relikte und längst vergessener Schriften. Von dort aus wollte er die Grenzen des Möglichen überschreiten und das uralte Geheimnis des Lebens entschlüsseln. Im Schein flackernder Kerzen und unter dem Zischen seiner geheimnisvollen Apparaturen schuf er aus verschiedenen Leichenteilen zwei ungleiche Zwillingswesen: das eine, in stolze Anmut gehüllt, wie eine Erscheinung aus dem Himmel selbst, das andere, ein Spiegelbild des Schreckens und der Verzweiflung.

Als die Kirchenglocke Mitternacht schlug, hatte Frankenstein sein Werk vollbracht. Die Luft, geschwängert vom Duft alter Folianten und ätherischer Öle, vibrierte unter der elektrischen Spannung, als hätte eine höhere Macht ihre Hand im Spiel gehabt.

Das erste Wesen schlug die Augen auf. Es war von beeindruckender Statur und unschuldiger Reinheit. Seine muskulösen Glieder, in perfekter Harmonie geformt, zeugten von einer verborgenen Kraft, die unter der weichen Haut schlummerte. Seine Züge waren edel, fast göttlich in ihrer Vollkommenheit, ein lebendes Kunstwerk, das die Grenzen zwischen der Schöpfung der Natur und der Schöpfung des Menschen verwischte.

Die zweite Gestalt hingegen war ein wahrer Albtraum, dessen Anblick selbst den Tapfersten das Fürchten lehrte. Ihre deformierten Glieder bildeten eine groteske Karikatur der menschlichen Gestalt. Die fleckige Haut schien kaum an den zusammengewürfelten Knochen zu haften. An manchen Stellen war sie so straff gespannt, dass sie fast zu reißen drohte, an anderen hing sie schlaff herab. Sein vernarbtes Gesicht trug den Ausdruck ewigen Leidens.

«Was habe ich getan?», fragte Frankenstein angesichts des ungleichen Bruderpaars. «Habe ich in meinem Bestreben, die Geheimnisse des Lebens zu entschlüsseln, vielleicht die wichtigste Wahrheit übersehen – dass manche Türen, wenn sie einmal geöffnet sind, nie wieder geschlossen werden können?»

Kapitel 2

Bereits wenige Tage später begannen die Wesen ihre eigenen Wege zu gehen. Dr. Frankenstein, getrieben von wissenschaftlicher Neugier und einer tiefen, fast väterlichen Fürsorge, beobachtete die Entwicklung mit größter Aufmerksamkeit.

Das entstellte Monster fand sich in einer Welt wieder, die ihm fremd und abweisend gegenüberstand. Jedes Mal, wenn es den Schutz der Schatten verließ, wurde es von den Dorfbewohnern erbarmungslos gejagt und misshandelt. Mit Fackeln und Gewehren trieben sie es in die Enge, schlugen und verprügelten es, als sei es die Verkörperung all ihrer Leiden und Ängste. Daher mied das Monster das Tageslicht und wich allen Blicken aus.

«Warum fürchtet mich die Welt?», fragte es eines Nachts seinen Bruder.

Sein schöner Zwillingsbruder fühlte einen unbändigen Zorn und Durst nach Rache in sich aufsteigen. Seine Augen brannten vor Wut, und er schwor, die Dorfbewohner für ihre Taten büßen zu lassen – für all das Böse, das sie seinem Bruder angetan hatten.

Doch selbst jetzt sprach das Monster von Vergebung und Liebe.

«Wir dürfen uns nicht von Dunkelheit und Rache verzehren lassen, Bruder. Lass uns nicht zu denen werden, die wir verachten, sondern ein Beispiel der Güte und des Verständnisses geben.»

Frankenstein beobachtete die Begegnung aus der Ferne, als stummer Zeuge der tiefen Verbundenheit, die zwischen seinen Schöpfungen herrschte. In einem flüchtigen Moment des Innehaltens dachte er: «Haben meine Geschöpfe vielleicht eine Menschlichkeit gefunden, die ich selbst verloren habe?»

Zur gleichen Zeit bereitete sich ein einfaches, doch frommes Paar darauf vor, seine Heimat zu verlassen. Maria und Josef, getrieben von tiefer Frömmigkeit und dem schmerzlichen Wunsch nach einem Kind, fühlten sich durch eine unergründliche und göttliche Weisung dazu berufen, ihren bescheidenen Wohnort zu verlassen. Sie waren entschlossen, einem geheimnisvollen Pfad zu folgen, der, wie sie glaubten, sie zu ihrer wahren Bestimmung führen würde.

Kapitel 3

Um Mitternacht versammelte sich eine Schar wütender Dorfbewohner vor den ehrwürdigen Toren des Schlosses, bewaffnet mit Fackeln, die wie Irrlichter durch die Nacht tanzten, und mit Werkzeugen, die der Zorn geschmiedet hatte. Ihr Anführer, ein Mann von herkulischer Statur, dessen Gesicht von den Narben vieler Winter gezeichnet war, ließ seine Stimme erschallen: «Wir fordern Recht und Sühne! Diese Kreaturen sind ein Frevel am Werk des Herrn. Wir verlangen ihre Auslieferung – beide sind sie Schöpfungen eines Mannes, der es gewagt hat, Gott zu spielen, und sie haben keinen Platz in unserer Welt!»

Dr. Frankenstein, der von den Zinnen seiner Festung herabblickte, fühlte die Schwere ihres Grolls wie eine eisige Last auf seinen Schultern. Zu seinen Seiten standen seine Geschöpfe, das eine umhüllt von einer Aura, die selbst in dieser Stunde der Verdammnis ihre Reinheit nicht verlor, das andere gezeichnet von der Angst, die wie ein Sturm in seinen Augen tobte.

In diesem entscheidenden Moment, als der Mob vor den Toren tobte, bewies das Ungeheuer erneut die Tiefe seines Charakters. «Fürchte dich nicht, Bruder», sagte es mit ruhiger, aber bestimmter Stimme, als es gewahr wurde, wie es in seinem Zwilling tobte, «denn unsere Antwort auf ihren Hass ist nicht Gewalt, sondern Liebe. Das ist der wahre Weg zur Erlösung.»

Als die Menge das Tor stürmte und in die Burg eindrang, trat das Ungeheuer hervor. «Bruder, flieh!», rief es und stellte sich zwischen den Bruder und die Angreifer, erfüllt vom Gedanken selbstloser Aufopferung. Doch ehe die Worte in der Dunkelheit der Nacht verklangen, traf ihn der Streich eines Bauern, den dieser seinem Bruder zugedacht hatte. Tödlich verletzt sank die bedauernswerte Kreatur zu Boden.

In einem Akt blinder Wut fielen auch Frankenstein und das schöne Geschöpf dem Zorn des Volkes zum Opfer, und ihr Heim wurde ein Raub der Flammen, ein Schauspiel, das den Himmel in ein blutiges Gewand hüllte.

Kapitel 4

Als der neue Tag anbrach und die Asche in den ersten Strahlen der Morgensonne noch die Hitze des Zorns in sich trug, durchstreiften Maria und Josef die Stille, die nach dem nächtlichen Aufruhr über das Land gekommen war. Unter den Trümmern des einst majestätischen Schlosses fanden sie die Überreste des vergangenen Grauens – die Leichen Frankensteins und seiner Zwillingsgeschöpfe. Nachdem sie dem Schöpfer und seiner furchterregenden Kreatur die letzte Ehre erwiesen hatten, wollten sie auch das zweite Geschöpf begraben, doch ein leises Zucken eines Muskels ließ sie innehalten. Schwer verletzt, aber lebendig, lag es da, ein Zeugnis der Tragödie und der Hoffnung zugleich.

Ohne zu zögern, nahm das Paar, dem der Segen eines Kindes versagt geblieben war, das Geschöpf unter seine Fittiche. Sie verbanden seine Wunden und gaben ihm neue Hoffnung, wohl wissend, dass es für es in diesem Dorf keine Zukunft geben konnte. Schweren Herzens, aber festen Schrittes verließen sie ihr Heimatdorf, um im fernen Land Palästina einen Neuanfang zu wagen. Unter ihrem Schutz und ihrer Liebe begann das Geschöpf zu genesen, fand nicht nur eine Familie, sondern auch einen Sinn in seinem Dasein, weit entfernt von der Dunkelheit, die seine ersten Tage überschattet hatte.

Während es gesundete, fühlte das Geschöpf, wie eine sanfte Wärme seine Seele erfüllte, ein Licht, das langsam die Schatten seiner Vergangenheit verdrängte. Ist das die wahre Kraft der Liebe?, fragte es sich in einem stillen Moment des Nachdenkens. Eine Kraft, die stärker ist als alle Dunkelheit, die mich je umgeben hat? Diese Gedanken waren wie Samen der Hoffnung, die in seinem Herzen zu keimen begannen.

In den folgenden Jahren erblühte das Geschöpf unter der liebevollen Fürsorge von Maria und Josef zu einem Wesen von tiefer Weisheit und Güte. Im Angesicht der ihm einst fremden Liebe fand es nicht nur Heilung, sondern auch eine neue Wirklichkeit. Es wählte für sich den Namen Jesus als Symbol des Neuanfangs, den es in seinem Herzen trug. So wurde aus dem Geschöpf, das einst im Schatten der Verzweiflung wandelte, ein Symbol der Hoffnung.

Jesus wurde von den Menschen um ihn herum «der Erlöser» genannt, aber diese Bezeichnung bereitete ihm Unbehagen. In seinen Augen war der wahre Erlöser sein Bruder, das Monster, dessen letzte Tat ein selbstloser Akt der Liebe und des Opfers gewesen war. Jesus sah sich eher als Bote, der das Vermächtnis und die Lehren seines Bruders weitergab.

Sein Wirken in der Welt war nicht nur eine Widerspiegelung der Liebe und des Mitgefühls, die sein Bruder den Menschen entgegengebracht hatte, sondern auch eine Fortsetzung der unvollendeten Mission des Ungeheuers, eine Welt zu schaffen, in der Vergebung und Liebe die Dunkelheit besiegen würden.

Mary Shelley (1797–1851) war die Tochter der Schriftstellerin Mary Wollstonecraft und des Philosophen William Godwin. Im Alter von 19 Jahren schrieb sie den Schauerroman «Frankenstein oder Der moderne Prometheus», der zu einem der einflussreichsten Werke der Weltliteratur wurde. Neben «Frankenstein» schrieb Mary Shelley weitere Romane wie «Der letzte Mensch», doch keines ihrer Werke erreichte den Kultstatus ihres Erstlingsromans.

Kurt Schwitters: An Jesus Blume

Oh Du, Geliebte meiner 13 Wunder, ich liebe Dir!
Du, Deiner, Dich Dir, ich Dir, Du mir, ---- wir?
Das gehört beiläufig nicht zum Stern hier!
Wer bist Du, zersplittertes Kind im Heu, Du bist, bist
    Du?
Die Engel sagen, Du wärest.
Lass sie flattern, sie wissen nicht, wie der Stern
    zuckt.
Du trägst die Krone auf Deinen kleinen Zehen
und wanderst auf die Wolken,
Auf den Wolken wanderst Du.
Halloh, Deine goldenen Windeln, in blaue Tücher
    gewickelt,
Gold liebe ich Jesus Blume, Gold liebe ich Dir.
Du, Deiner, Dich Dir, ich Dir, Du mir, ---- wir?
Das gehört beiläufig in den Himmel hinauf!
Jesus Blume, goldener Jesus Blume, was quaken
    die Frösche?
Preisfrage:
1. Jesus Blume hat ein Lamm,
2. Jesus Blume ist gold.
3. Welche Farbe hat das Lamm?
Blau ist die Farbe Deiner himmlischen Augen,
Rot ist die Farbe Deines heiligen Herzens.
Du schlichtes Kind im Stroh,
Du liebes himmlisches Licht, ich liebe Dir!
Du Deiner Dich Dir, ich Dir, Du mir, ---- wir!

Das gehört beiläufig in die ---- Engelsglut.
Jesus Blume, Jesus, J----E----S----U----S!
Ich singe Deinen Namen.
Dein Name klingt wie weiches Ohrenschmalz.
Weisst Du es Jesus, weißt Du es schon,
Man kann Dich auch im Herzen tragen.
Und Du, Du Herrlichster von allen,
Du bist von innen, wie von außen:
J----E----S----U----S.
Ohrenschmalz tröpfelt LOBGESANG durch die
    Nacht.
Jesus Blume,
Du strahles Ding,
Ich-------liebe-------Dir!

Kurt Schwitters (1887–1948) war ein deutscher Künstler, der in jedem Material das künstlerische Potenzial sah und die Grenzen traditioneller Kunstformen sprengte. Neben der bildenden Kunst betätigte sich Schwitters auch als Dichter und verfasste das berühmte Dada-Gedicht «An Anna Blume». Sein experimenteller Umgang mit Kunst und Dichtung machte ihn zu einer Schlüsselfigur der Avantgarde des 20. Jahrhunderts.

Rosamunde Pilcher: Das Geheimnis von Heatherfield

Kapitel 1: Das Wiedersehen

Maria ging durch die Straßen von Heatherfield. Die Sonne strahlte vom wolkenlosen Himmel, und ein sanfter Windhauch strich durch die Blätter der Bäume. Maria dachte an das werdende Leben in ihr und legte instinktiv die Hand auf ihren Bauch. Da hörte sie plötzlich Schritte hinter sich. Sie drehte sich um und blickte in die tiefblauen Augen von Joseph. Er war älter geworden, seit sie sich das letzte Mal gesehen hatten, aber sein Blick hatte nichts von seiner Intensität verloren.

«Maria», sagte er mit rauer Stimme, «du bist zurückgekommen. Das hätte ich nicht gedacht.»

Sie lächelte schwach. «Ich auch nicht, Joseph. Aber manchmal zieht es uns an Orte zurück, die wir nicht vergessen können.»

Joseph nickte langsam. «Ich verstehe.»

Sein Blick fiel auf ihren Bauch: «Hast du mir etwas zu sagen?»

«Du würdest mir nicht glauben, Joseph», murmelte sie leise.

Er sah sie lange an und nickte dann langsam. «Wir sollten die Vergangenheit hinter uns lassen.»

«Ja», sagte Maria nachdenklich, fasste sich dann ein Herz und fragte: «Die Steyntons geben morgen ihr traditionelles Sommerfest. Möchtest du mich dorthin begleiten?»

Joseph zögerte kurz, dann nickte er. «Es gibt nichts auf der Welt, was ich lieber täte.»

Maria lächelte schüchtern. «Dann lass uns dorthin gehen. Aber diesmal, Joseph, bleib bitte bei mir.»

Er nahm ihre Hand und schaute ihr tief in die Augen. «Ich verspreche es dir, Maria. Und diesmal halte ich mein Versprechen.»

Kapitel 2: Das große Familienfest

Maria stand vor dem großen Spiegel in ihrem Zimmer und betrachtete ihr Spiegelbild. Das schlichte, aber elegante blaue Kleid, das sie gewählt hatte, betonte ihre zarte Figur und die wachsenden Rundungen, die das Leben in ihr verrieten. Sie strich sich sanft über den Bauch und lächelte. Die Schwangerschaft war Geschenk und Rätsel zugleich.

Als sie das Anwesen der Steyntons betraten, schienen alle Augen auf sie gerichtet zu sein. Joseph bot ihr seinen Arm an.

«Du siehst bezaubernd aus», flüsterte er ihr zu und führte sie zu einem der Tische. Kaum hatten sie Platz genommen, erschien Olivia, die Tochter der Steyntons. Sie trug ein wunderschönes Kleid. Zwischen ihr und Joseph hatte es einmal eine flüchtige Romanze gegeben, lange nachdem Maria das Dorf verlassen hatte.

«Maria», sagte Olivia mit einem Hauch von Bitterkeit in der Stimme, «wie unerwartet, dich hier zu sehen, besonders mit dieser ... Begleitung.» Ihr Blick glitt zu Joseph hinüber, und ein kurzer Ausdruck von Schmerz und Sehnsucht erschien in ihren Augen.

Joseph runzelte die Stirn. «Olivia, das ist weder der richtige Ort noch die richtige Zeit für eine Szene.»

Olivia lachte leise. «Ach, Joseph, ich mache doch keine Szene. Ich bin nur überrascht, dich ausgerechnet mit ... ihr zu sehen.»

Maria holte tief Luft und stand auf. «Lasst bitte die Vergangenheit ruhen und uns den Abend genießen.»

Olivia musterte sie von Kopf bis Fuß. «Ja. Es ist wirklich lange her. Und es scheint, als hättest du in der Zwischenzeit viel erlebt.»

Maria war fest entschlossen, sich den Abend nicht verderben zu lassen. Sie verabschiedete sich höflich und zog Joseph mit sich, um sich unter die tanzende und lachende Menge zu mischen.

Kapitel 3: Die Prophezeiung

Die Wochen vergingen, und im Dorf ging ein Gerücht um. Der Seher Cedric hatte eine Prophezeiung gemacht, die mit Marias Kind zu tun hatte. Die Neugier und das Bedürfnis, mehr über diese Prophezeiung zu erfahren, trieben Maria und Joseph schließlich dazu, Cedric aufzusuchen.

«Du trägst ein besonderes Kind in dir», sagte er mit seiner alten, weisen Stimme. «Ein Kind des Lichts und der Hoffnung.»

Maria sah ihn überrascht an. «Woher wissen Sie das?»

Cedric lächelte. «Ich sehe mehr als die meisten Menschen. Dein Kind wird in Heatherfield eine besondere Rolle spielen. Es wird das Dorf in ein neues Zeitalter führen. Ja, dieses Kind wird das Herz und die Seele von Heatherfield berühren.»

Kapitel 4: Das stürmische Finale

Inzwischen war der Winter gekommen. Der Geruch von Kaminrauch erfüllte die frostige Luft, und in den Fenstern der Häuser flackerte das warme Licht der Kerzen. Während einige Dorfbewohner in gespannter Erwartung tuschelten, begegneten andere der Prophezeiung mit Skepsis und spöttischen Bemerkungen. Maria und Joseph fühlten sich zunehmend unwohl.

An einem düsteren Abend, als sich die Wolken zusammenzogen und ein aufziehendes Gewitter mit heftigen Sturmböen und Donnergrollen die Luft elektrisch aufladen ließ, setzten bei Maria die Wehen ein. In der bescheidenen Stube ihrer Unterkunft suchte sie Trost und Halt bei Joseph.

«Joseph», keuchte Maria, als sie sich auf das schlichte Bett setzte, «glaubst du wirklich an diese Prophezeiung?» Ihre Augen suchten die seinen, während der Schmerz in Wellen über sie hereinbrach.

Joseph, sichtlich bemüht, seine eigene Unsicherheit zu überwinden, antwortete mit fester Stimme: «Ich weiß nicht, was ich glauben soll, Maria. Aber ich glaube an uns und an unser Kind.»

Während draußen der Sturm tobte und Hagelkörner gegen die Fenster peitschten, übertönte der Lärm der Elemente Marias Schreie. Als sich der Sturm legte und die Welt um sie herum wieder zur Ruhe kam, war das Wunder geschehen. In den frühen Morgenstunden, gerade als der erste Schimmer des neuen Tages den Himmel erhellte, wurden Maria und Joseph Eltern eines gesunden Knaben.

Kaum hatte die junge Familie zueinandergefunden, klopfte es an der Tür. Die drei Betreiber der Gärtnerei Heath, Fielding & Oakley standen vor der Tür und begrüßten das neue Leben. Jeder hatte ein Geschenk dabei.

Oliver Heath, der Kräuterkundige, trat vor und überreichte Maria ein kleines handgefertigtes Buch, das Aufzeichnungen über heilende Kräuter und deren Anwendung enthielt. «Dieses Wissen», sagte er leise, «hat die Kraft, Wohlergehen und Heilung zu schenken.»

Danach kam der Gärtner Henry Fielding und reichte Joseph ein Säckchen. «Das sind die Samen der fruchtbarsten Pflanzen unseres Dorfes», erklärte er. «Mögen sie eurer Familie Wohlstand und Nahrung bringen, und möge euer Heim immer von Liebe und Wärme erfüllt sein.»

Zum Schluss überreichte William Oakley, der Baumpfleger, Maria eine junge Eiche. «Möge dieser Baum wachsen und gedeihen», sagte er mit hoffnungsvoller Stimme. «So, wie auch euer Kind wachsen und gedeihen möge.»

Kapitel 5: Ein neuer Anfang

Die Tage nach der Geburt waren für Maria und Joseph eine Mischung aus Freude und Ungewissheit. Die jungen Eltern kümmerten sich liebevoll und zärtlich um das neugeborene Kind, nahmen aber auch die geteilten Meinungen im Dorf wahr. Die einen sahen in Jesus das «Kind des Lichts», wie es der Seher prophezeit hatte, die anderen verdrehten spöttisch die Augen und taten die ganze Geschichte als Aberglauben ab.

An einem kühlen Morgen beobachtete Olivia aus der Ferne, wie Maria mit einem Kinderwagen durch das Dorf ging. Die tiefe Liebe und das Glück, das Maria ausstrahlte, berührten sie unerwartet. Spontan ging Olivia auf Maria zu. «Bitte vergib mir», sagte sie leise. «Auf dem Fest war ich ungerecht und verletzend. Ich habe mich von meiner eigenen Unsicherheit und Reue leiten lassen.»

Überrascht sah Maria sie an. «Was hat dich zu dieser Erkenntnis gebracht?»

Olivia seufzte tief. «Ich habe viel über meine Entscheidungen nachgedacht, über mein Verhalten. Ich möchte nicht, dass alte Wunden uns in der Zukunft belasten.»

Die beiden Frauen sahen sich einen Moment tief in die Augen, dann nickte Maria. «Danke, Olivia. Ich schätze deine Ehrlichkeit und deinen Mut, deine Fehler einzugestehen.»

Kapitel 6: Das geerbte Gut und ein unerwartetes Geheimnis

Einige Monate nach Jesu Geburt erhielt Maria einen schweren, mit dem Wappen der Anwälte von Heatherfield versiegelten Brief. Sie öffnete ihn mit zitternden Händen und las die Nachricht, die ihr Leben verändern sollte. Ihre geliebte Großmutter war verstorben. Die alte Dame war Maria nicht nur ans Herz gewachsen, sondern war auch eine angesehene Persönlichkeit im Dorf gewesen. Aus dem Brief ging auch hervor, dass Maria ihr gesamtes Vermögen geerbt hatte. Dazu gehörten nicht nur das malerische alte Haus, in dem Maria so viele Sommer ihrer Kindheit verbracht hatte, sondern auch ein großes Stück fruchtbares Land, das an das Anwesen der Steyntons grenzte.

Joseph, der den Brief über Marias Schulter hinweg las, runzelte die Stirn. «Das erklärt, warum die Steyntons in letzter Zeit so oft bei deiner Großmutter waren. Wahrscheinlich wollten sie ihr das Land abkaufen.»

Maria nickte nachdenklich. «Ja, es ist wertvolles Land, Joseph. Meine Großmutter hat es immer geschätzt und nie die Absicht gehabt, es zu verkaufen. Ich werde ihren Wunsch respektieren und es ebenfalls behalten.»

In den nächsten Tagen kamen die Steyntons persönlich vorbei, um ihr Beileid auszusprechen, kamen aber bald auf das Land zu sprechen. Sie machten ein großzügiges Angebot, das jedoch von einer spürbaren Dringlichkeit geprägt war. Olivia war auch dabei und warf Maria während der Gespräche immer wieder besorgte Blicke zu.

Kurz nachdem die Steyntons gegangen waren, klopfte es leise an der Tür. Es war Olivia. «Ich muss mit euch reden», flüsterte sie. «Es gibt Dinge über meine Familie, die ihr wissen solltet.»

Sie erzählte ihnen von den dunklen Geschäften der Steyntons

und wie sie versucht hatten, alles Land in Heatherfield aufzukaufen. Sie sprach auch über ihre eigene innere Zerrissenheit zwischen Pflichtgefühl und dem Wunsch, das Richtige zu tun.

«Das Land, das ihr geerbt habt, hat einen besonderen Wert für meine Familie», gestand Olivia. «Es würde ihnen die Möglichkeit geben, ihren Einfluss auszuweiten. Zu eurem Nachteil und zum Nachteil aller Bewohner von Heatherfield.»

Maria und Joseph dankten Olivia für ihre Warnung.

Kapitel 7: Das Gemeindefest

Die Zeit verging, und Heatherfield hatte sich erneut in eine Winterlandschaft verwandelt. Die Straßen und Häuser waren mit Lichtern und Dekorationen geschmückt, und der Schnee bedeckte alles mit einer glitzernd weißen Decke. In der Luft lag der Duft von gebrannten Mandeln und Glühwein. Maria und Joseph beschlossen, im Gemeindehaus eine Geburtstagsfeier für Jesus zu organisieren und alle Dorfbewohner einzuladen.

Das Fest erreichte seinen Höhepunkt, als Joseph plötzlich ein kleines Podest betrat und um Stille bat. Alle Augen richteten sich auf ihn, als er mit tiefer, sonorer Stimme sprach: «Liebe ist nicht nur ein Gefühl. Liebe ist auch eine Entscheidung. Deshalb haben Maria und ich beschlossen, einander das Jawort zu geben. Wir hoffen, dass ihr alle an unserer Seite seid, wenn der Tag der Hochzeit kommt.»

Jubel brach aus, und dann, als sei ein Damm gebrochen, kamen überall Paare nach vorne, um sich öffentlich ihre Liebe zu gestehen und Heiratsanträge zu machen.

Fiona Campbell, die lebenslustige Postbotin, erhob sich und ging zielstrebig auf Emma Thornton zu, die schüchterne Bibliothekarin. Oliver Bennett, der kräftige Automechaniker, wandte sich Charlotte Sinclair zu, der eleganten Sekretärin des Bürgermeisters. Selbst Dorothy Harper, die alte Dame, die seit Jahren den Blumenladen im Dorf führte, entdeckte in sich eine Kraft, die sie längst vergessen glaubte. Mit einer Anmut, die ihresgleichen suchte, erhob sie sich aus ihrem Rollstuhl und wandte sich mit funkelnden Augen und einem Lächeln, das von unzähligen Erinnerungen zeugte, Henry Richardson zu, dem verwitweten Bäcker, dessen Herz seit Jahren still für sie schlug.

Alle Anwesenden gestanden sich ihre Liebe, bis schließlich jeder einen Partner an seiner Seite hatte – ein Wunder. Die Luft schien zu vibrieren vor Liebe und Glück.

Keiner der feiernden Gäste achtete auf den unscheinbaren Kinderwagen, in dem Jesus lag. Doch im sanften Schein des Abendlichts, das durch die Fenster des Gemeindehauses fiel, schien ein leises Leuchten den Kinderwagen zu umgeben. Und wenn man genau hinsah, konnte man meinen, einen Hauch von Lächeln auf den Lippen des Jungen zu sehen.

Rosamunde Pilcher (1924–2019) war eine britische Schriftstellerin, die vor allem für ihre romantischen Familien- und Liebesromane vor idyllischer Kulisse bekannt ist. Ihre Romane spielen oft in der malerischen Landschaft Cornwalls und Schottlands und behandeln Themen wie Liebe, Leid, Familienkonflikte und Schicksalsschläge. Pilcher gilt als eine der erfolgreichsten Schriftstellerinnen ihrer Zeit. Ihr bekanntestes Buch «Die Muschelsucher» soll sich mehr als fünf Millionen Mal verkauft haben.

John Grisham: Die Mandanten

1

Als die Dämmerung die Straßen von Memphis, Tennessee, in ein sanftes Orange tauchte, saß Thomas Chamberlain in seinem Büro und ging die letzten Akten des Tages durch. Chamberlain, ein über die Stadtgrenzen hinaus bekannter Anwalt, hatte sein Büro in einem beeindruckenden Loft in einem historischen Gebäude direkt in Downtown. Urkunden und Auszeichnungen schmückten die Wände, die großen Fenster boten einen malerischen Blick auf den nahen Mississippi River.

Mitten in seiner Arbeit fiel ihm ein ungewöhnlicher Briefumschlag ins Auge. Er war aus schwerem, elfenbeinfarbenem Papier und mit einem auffälligen Siegel verschlossen. Neugierig öffnete er den Umschlag. In einer eleganten und schwungvollen Handschrift stand dort geschrieben: «*Sehr geehrter Mr. Chamberlain, hüten Sie sich vor BioGenesis. Ein Freund.*»

Nachdenklich legte Chamberlain den Brief zur Seite. Der Name BioGenesis kam ihm bekannt vor. Es war ein Biotechnologieunternehmen, das mit bahnbrechenden Entdeckungen auf sich aufmerksam gemacht hatte. Aber wer hatte ihm diese Warnung geschickt? Und was war an BioGenesis so gefährlich?

Ein leises Klopfen unterbrach seine Gedanken. Seine Assistentin Linda trat ein. «Mr. Chamberlain, die Carpenters sind hier.»

Er nickte. «Führen Sie sie herein, Linda.»

Mary und Joe Carpenter betraten das Büro. Die Frau sah blass und besorgt aus. Der Mann versuchte, ruhig zu wirken, aber Chamberlain bemerkte das leichte Zittern seiner Hand.

«Nehmen Sie Platz», sagte Chamberlain und deutete auf die Stühle vor seinem Schreibtisch.

Mary schluckte schwer. «Es geht um unser ungeborenes Kind.»

Chamberlain nickte aufmunternd. «Fahren Sie fort.»

Joe atmete tief durch. «Mary ist schwanger. Aber es gibt Probleme. Eine Firma namens BioGenesis behauptet, die Rechte an unserem Kind zu besitzen.»

Chamberlain runzelte die Stirn. Schon wieder BioGenesis? An Mary gewandt, fragte er: «Die Rechte an Ihrem Kind? Was genau meinen Sie damit?»

Mary zögerte kurz, dann hielt sie ihm einen Brief hin. «Bio-Genesis behauptet, die Firma sei für meine Befruchtung verantwortlich. Und das Kind gehöre ihnen.»

2

Chamberlain überflog das Schreiben. «Die Firma schreibt, Sie hätten an einem ihrer geheimen Reproduktionsprogramme teilgenommen. Ist das wahr, Mary?»

Mary schüttelte heftig den Kopf, Tränen schimmerten in ihren Augen. «So etwas würde ich niemals tun.»

Chamberlain rieb sich nachdenklich das Kinn. Woher das Interesse des Biotechnologieunternehmens an den Carpenters und warum dieser seltsame Brief?

«Ich werde mich morgen früh mit der Firma in Verbindung setzen», sagte Chamberlain entschlossen. «Ich halte Sie auf dem Laufenden.»

Mary lächelte zaghaft. «Ich danke Ihnen vielmals. Sie sind unsere einzige Hoffnung!»

Nachdem die Carpenters das Büro verlassen hatten, griff Chamberlain zum Telefon. «Linda, ich brauche alles, was wir über BioGenesis haben. Und ich meine wirklich alles.»

3

Als die ersten Sonnenstrahlen durch die Jalousien seines Büros fielen, war Chamberlains Schreibtisch bereits mit Unterlagen über BioGenesis bedeckt. Er hatte die ganze Nacht durchgearbeitet und versucht, die verschachtelte Firmenstruktur zu verstehen.

Ein Zeitungsartikel erregte seine Aufmerksamkeit. Es ging um einen Skandal, bei dem Patienten ohne ihre Einwilligung zu Objekten biologischer Experimente gemacht worden waren. Gerüchte über unethische Praktiken und Vertuschung machten die Runde.

Chamberlain griff zum Telefon und wählte eine Nummer. «Hallo, Dr. Roberts? Hier ist Tom Chamberlain. Ich habe ein paar Fragen zu BioGenesis.»

Er machte sich Notizen, während sie sprachen. Dr. Roberts war ein über die Landesgrenzen hinaus bekannter Biotech-Experte, den er aus einem früheren Fall kannte.

«Das Unternehmen bewegt sich ständig an der Grenze des Erlaubten und oft darüber hinaus», sagte Dr. Roberts. «Ich wäre nicht überrascht, wenn da etwas faul wäre.»

Nachdem Chamberlain Dr. Roberts gedankt und aufgelegt hatte, wusste er, dass er noch tiefer in die Angelegenheit eintauchen musste. Es war offensichtlich, dass BioGenesis etwas verbarg, und er war entschlossen, dieses Geheimnis zu lüften.

Chamberlains Suche geriet ins Stocken. Er wusste, dass er einen Insider brauchte, jemanden, der bereit war, mit ihm offen über das Unternehmen und seine internen Abläufe zu sprechen. Ein Name fiel ihm ein: Dr. Samuel Greene. Chamberlain erinnerte sich an Dr. Greene von einer Wohltätigkeitsveranstaltung, die die Universität einige Jahre zuvor organisiert hatte. Damals hatte Greene über seine Forschungen gesprochen, und Chamberlain hatte ihm nach der Diskussion einige Fragen gestellt. Sie hatten sich über ihre gemeinsame Begeisterung für innovative medizinische Lösungen ausgetauscht und seitdem gelegentlich Kontakt gehalten. Greene hatte lange als wissenschaftlicher Assistent an der Universität gearbeitet, wo er alle zwei Jahre um die Verlängerung seines Zeitvertrags kämpfen musste. Dann war er zu Bio-Genesis gewechselt, hatte dort aber vor Kurzem überraschend gekündigt.

Sie trafen sich in einem unscheinbaren Café in der Beale Street.

«Tom, ich sollte nicht hier sein. Sie beobachten mich auf Schritt und Tritt», flüsterte Green und blickte immer wieder über seine Schulter.

Chamberlain beugte sich vor. «Sam, ich brauche Informationen. Eine meiner Klientinnen, Mary Carpenter, wird von Bio-Genesis unter Druck gesetzt. Sagt dir der Name etwas? Hast du ihn mal gehört in deiner Zeit dort? Es geht um irgendein Projekt – künstliche Befruchtung, geheime Forschung, irgend so etwas.»

Greene atmete tief durch. «Das Genesis-Projekt», begann er leise. «Es hat zum Ziel, ein Kind ohne den herkömmlichen Befruchtungsprozess zu zeugen. Also auf künstlichem Wege.»

Chamberlains Augen verengten sich. «Und was hat Mary damit zu tun?»

Greene zögerte einen Moment. «Sie war die erste Teilnehmerin. Ohne es zu wissen, versteht sich. Mary kam zu ihnen, weil sie und ihr Mann Fruchtbarkeitsprobleme hatten. Sie war die ideale Kandidatin. Aber jetzt brauchen sie das Kind.»

Kalte Wut durchfuhr Chamberlain. «Sie haben sie als Versuchskaninchen benutzt.»

Greene nickte traurig. «Es gibt ein verborgenes Labor, Tom. Dort führen sie all diese Experimente durch. Aber niemand weiß, wo es ist.»

Chamberlain ballte die Hände zu Fäusten. «Ich werde dieses Labor finden, Sam. Koste es, was es wolle.»

5

Mit den brisanten Informationen von Dr. Greene machte sich Chamberlain auf die Suche nach dem versteckten Labor. Nach unzähligen ergebnislosen Telefonaten kam der entscheidende Hinweis auf ein unscheinbares Gebäude in einem Industriegebiet am Rande der Stadt.

Es war bereits dunkel, als Chamberlain dort eintraf. Er parkte seinen Wagen in einiger Entfernung vom Gebäude und ging die letzten Meter zu Fuß. Durch ein Kellerfenster fiel schwaches Licht. Chamberlain öffnete es und schlüpfte hinein. Er befand sich offenbar in einem Nebenraum, den er leise durchschritt, um vorsichtig die Tür auf der gegenüberliegenden Seite einen Spaltbreit zu öffnen. Was er durch den Spalt sah, war das Innere eines Labors. Es war noch unheimlicher, als er es sich vorgestellt hatte. Das gedämpfte Licht warf gespenstische Schatten an die Wände, die mit Regalen voller Chemikalien und komplizierten Apparaturen vollgestellt waren. Überall blinkten die Lämpchen von Zentrifugen und Spektrometern. In der Mitte des Raumes standen mehrere große Reagenzgläser auf einem Ständer, einige waren mit einer leuchtend grünen Flüssigkeit gefüllt, die vor sich hin brodelte. Er hörte leise Stimmen und das Surren von Maschinen. Leise schlich er weiter, zur nächsten Tür. In einem der Räume entdeckte er Berge von Akten, in denen, wie er schon nach einem kurzen Blick feststellte, jedes Experiment genau dokumentiert war. Darunter befand sich auch die Akte einer gewissen «M. C.». Dabei konnte es sich nur um Mary Carpenter handeln!

Plötzlich hörte er Schritte. Jemand näherte sich. Chamberlain versteckte sich schnell hinter einem Regal, während zwei Labormitarbeiter vorbeigingen und sich über die neuesten Experimente unterhielten. Als die Luft wieder rein war, schnappte er sich die Akte und schlich so leise wie möglich hinaus.

Als Chamberlain das Gebäude verließ, wusste er, dass er nun genug Beweise hatte, um BioGenesis zu Fall zu bringen. Aber das Wissen um die dunklen Geheimnisse der Firma machte ihn auch zur Zielscheibe. Doch sein erster Gedanke galt Mary und Joe – er musste sie warnen und für ihre Sicherheit sorgen.

6

Chamberlains Herz klopfte, als er sich dem Haus von Mary und Joe näherte, und er sah, dass die Tür offen stand. Drinnen bot sich ihm ein schreckliches Bild. Mary und Joe lagen gefesselt und geknebelt auf dem Boden. Schnell löste er die Fesseln und entfernte das Klebeband.

«Wer war das?», fragte er und suchte nach Anzeichen von Verletzungen.

Mary antwortete mit Tränen in den Augen: «Zwei Männer, sie

sagten, sie kämen im Auftrag von BioGenesis. Sie wollten wissen, was Sie gefunden haben, Tom.

Chamberlain zückte sein Handy. «Wir müssen verschwinden. Hier ist es zu gefährlich.»

Ohne zu zögern, brachte er sie in ein billiges Hotel am Stadtrand, das er schon in der Vergangenheit als sicheren Rückzugsort genutzt hatte. In der Sicherheit dieses Unterschlupfs erzählte er ihnen die schockierenden Details seiner Nachforschungen.

«Diese Informationen müssen an die Öffentlichkeit», erklärte Joe mit fester Stimme.

Chamberlain sah ihn ernst an. «Ja, das müssen sie.»

7

Schon am frühen Morgen des nächsten Tages war der Fall Bio-Genesis in aller Munde. Chamberlain hatte noch am gestrigen Abend seine Kontakte spielen lassen und ein paar Zeitungen angerufen. Reporter umringten nun das Firmengebäude, und die Öffentlichkeit verlangte Aufklärung.

Chamberlain, Mary und Joe traten vor die Kameras und erzählten in einem Exklusivinterview ihre Geschichte. Die Welt reagierte schockiert auf die Enthüllungen. Niemand hatte sich vorstellen können, dass ein angesehenes Unternehmen so weit gehen würde.

BioGenesis versuchte sich gegen die Vorwürfe zu wehren, doch die Beweislast war erdrückend. Die Regierung musste schnell handeln und leitete eine umfassende Untersuchung ein.

In den folgenden Tagen wurde Dr. Richard Harlow, der charismatische Chef von BioGenesis, vor den Augen der Öffentlichkeit verhaftet. Ihm und vielen seiner Mitarbeiter wurden

schwere ethische Vergehen und kriminelle Handlungen vorge-
worfen.

Mary und Joe standen für kurze Zeit im Rampenlicht, doch
schon bald ebbte das Medieninteresse ab, und die beiden konnten wieder in Ruhe leben.

Für Chamberlain war der Fall ein Meilenstein in seiner Karriere als Anwalt. Ihm wurde einmal mehr bewusst, wie wichtig
es ist, immer für Recht und Gerechtigkeit einzutreten, egal wie
mächtig der Gegner sein mag.

8

Wenige Monate später erfüllten Lachen und fröhliche Gespräche
die kleine Kirche in Memphis. Man hatte sich versammelt, um
den kleinen Jesse Carpenter zu taufen. Inmitten dieser herzlichen
Atmosphäre blickte Thomas Chamberlain, der stolze Taufpate,
liebevoll auf den Jungen, der friedlich in Marys Armen schlummerte.

«Jesse», murmelte Mary, «ein Name, der Mann bedeutet. Und
er ist wirklich ein entzückender kleiner Mann.»

Die Jahre vergingen und aus dem kleinen Jesse wurde ein junger Erwachsener, der für seine Integrität und seinen beeindruckenden juristischen Scharfsinn bekannt war. Als Strafverteidiger
beeindruckte er immer wieder im Gerichtssaal. Viele glaubten, er
habe die seltene Gabe, das scheinbar Unmögliche möglich zu
machen und Wunder zu vollbringen.

Eines Tages, Thomas Chamberlain war längst pensioniert, fiel
ihm ein Brief in die Hände. Es war ein Dankesbrief von Jesse aus
seiner Studienzeit. Chamberlain hielt inne, als er die feine, präzise Handschrift betrachtete. Sie kam ihm seltsam bekannt vor.

Er zog einen alten, elfenbeinfarbenen Umschlag hervor, den er seit Jahren aufbewahrt hatte – den geheimnisvollen Brief, der ihn vor BioGenesis gewarnt hatte. Die Handschrift war identisch.

Ein Schauer lief ihm über den Rücken. Er dachte an all die wundersamen Ereignisse, die ihn mit Jesse verbunden hatten. Chamberlain schloss die Augen. Vielleicht, so dachte er, gibt es im Universum Kräfte, die jenseits unseres Verständnisses liegen.

Ende

John Grisham (*1955) ist ein amerikanischer Bestsellerautor, der für seine spannenden Justiz- und Gerichtsthriller bekannt ist. Vor seiner Schriftstellerkarriere arbeitete Grisham als Anwalt und Politiker, was ihm tiefe Einblicke in das amerikanische Rechtssystem verschaffte. Zu seinen bekanntesten Werken zählen «Die Firma», «Die Akte», «Der Regenmacher» und «Die Jury», in denen es oft um komplexe Rechtsfälle und Verschwörungen geht.

Jack London: Das Wunder vom Klondike

Kapitel 1: Ankunft in Dawson

Unter der Mitternachtssonne Alaskas kämpften sich Mary und Joe durch die unberührte Wildnis.

«Dawson ist nicht mehr weit», murmelte Joe. «Dort können wir unseren Claim registrieren.» Seine Stimme klang heiser vor Erschöpfung, doch in seinen Augen lag Entschlossenheit.

Mary nickte stumm. Ihre Augen waren auf die ferne Silhouette der Siedlung gerichtet. Ihr Atem bildete kleine, dampfende Wölkchen in der kalten Luft. Sie spürte, wie das Wissen um ihre unerwartete Schwangerschaft ihre Schritte erschwerte. Sie warf einen kurzen Blick auf Joe und dachte an die Nacht zurück, in der sie sich ihrer Schwangerschaft bewusst geworden war. Eine rätselhafte Offenbarung, denn sie und Joe hatten nie das Bett miteinander geteilt.

Als sie Dawson erreichten, empfing sie das unverkennbare Dröhnen des geschäftigen Lebens. Die Stimmen und Geräusche der Stadt strömten in einem chaotischen Durcheinander auf sie ein, ein scharfer Kontrast zur Stille der Wildnis. Ein Mann bereitete seinen Hundeschlitten vor, während seine Huskies unruhig bellten. Hütten und Zelte reihten sich aneinander, mittendrin der Saloon, ein roher Bau, aus dessen Schornstein Rauch in den klaren Himmel aufstieg. Im Vorbeigehen bemerkten sie die frischen Spuren eines Elches, ein Zeichen dafür, dass die Wildnis auch inmitten der menschlichen Besiedlung nicht weit war. Im Hintergrund erhoben sich die majestätischen, schneebedeckten Gipfel, die stumm über das geschäftige Treiben wachten.

Sie traten ein. Es roch nach Tabak und Whisky. Das Gemurmel von Goldgräbern und Trappern erfüllte den Raum.

Ein hagerer Mann mit einem verschlagenen Lächeln und tiefen Furchen im Gesicht kam auf sie zu. Seine Augen waren hell und durchdringend und schienen jeden ihrer Schritte zu beobachten. «Was führt euch in diese Wildnis, Fremde?»

«Wir sind hier, um unser Land zu beanspruchen», sagte Joe. «Aber zunächst suchen wir einen Platz für die Nacht.»

Der Mann lächelte schief. «Ich bin Samuel ‹Sam› McCoy, der Besitzer hier. Ihr könnt oben schlafen. Und was euren Claim angeht – damit kenne ich mich aus. Vielleicht kann ich euch helfen.»

Joe nickte kurz. «Das wird nicht nötig sein, aber danke.»

Der kurze Wortwechsel war ein stilles Kräftemessen, ein Tanz der Worte und Blicke, typisch für die rauen Seelen des Nordens. In der Wildnis Alaskas waren Worte so wertvoll wie Gold und jeder Satz, jede Geste ein entscheidender Schritt im ständigen Kampf ums Überleben.

Kapitel 2: Begegnung im Saloon

Das Paar bahnte sich einen Weg durch die versammelten Glücksritter und Abenteurer zu dem einzigen freien Tisch. «Joe», flüsterte Mary, als sie sich an den Tisch setzten, «dieser Samuel … Ich traue ihm nicht. Er führt etwas im Schilde.»

Im Saloon mischten sich die Geräusche von Gelächter und hitzigen Diskussionen über die neuesten Goldfunde am Eldorado Creek mit dem Klimpern von Münzen und dem Klirren von Gläsern. Geschichten von schnellem Reichtum und ebenso schnellem Verlust schwirrten durch die Luft.

Mary und Joe beobachteten die Gestalten um sie herum. Harte Männer und Frauen, gezeichnet von den Strapazen der Goldsuche.

Plötzlich trat ein gebeugter alter Mann an ihren Tisch und stellte sich als Angel vor. Ein erfahrener Trapper mit einem Blick, der von einem entbehrungsreichen Leben zeugte. Er trug eine abgewetzte Pelzjacke, die von zahlreichen Begegnungen mit der Wildnis erzählte. Auf seiner Trappermütze hatte er zwei Flügel montiert, die an einen Engel erinnerten. «Ihr seid neu hier», stellte er mit prüfendem Blick fest. «Passt auf euch auf. Dawson ist kein Ort für Träumer. Ihr müsst wachsam sein und wissen, wie man in der Wildnis überlebt. Ich habe schon viele Männer kommen und gehen sehen. Die Wildnis nimmt sich, was sie will, und gibt nur selten etwas zurück.» Seine Worte waren nüchtern und ohne Umschweife.

«Wir sind bereit für das, was kommt», antwortete Joe mit fester Stimme.

Der Trapper nickte und verschwand wieder in der Menge. Der kurze Wortwechsel war eine stumme Warnung.

Später, in der Stille ihrer engen Behausung, lag Joe wach. Sein Blick war auf den Ofen gerichtet. Das Feuer war ein kleiner Trost in dieser kalten Nacht. Er dachte an Mary, an ihre stille Tapferkeit, an das unerklärliche Geheimnis ihrer Schwangerschaft und an all das, was die Zukunft bringen würde. Vieles war ungewiss, aber eine Sache war klar: Er würde Mary und das ungeborene Kind beschützen, egal was passierte.

Kapitel 3: Geburt in der Wildnis

Nach einer anstrengenden Nacht standen Mary und Joe müde auf, um sich den Herausforderungen des neuen Tages zu stellen.

Als sie den Saloon verließen, fiel ihnen ein außergewöhnlich heller Stern am Himmel auf. «Schau, Joe», sagte Mary leise. «Dieser Stern da. Er leuchtet so hell in der Dunkelheit.»

Mit einem kurzen Blick nach oben antwortete Joe: «Er scheint uns den Weg zu weisen. Vielleicht bringt er uns Glück.» Doch zunächst führte sie ihr Weg durch die vereisten Straßen von Dawson zum Büro für Claim-Registrierungen. Ihre Schritte führten sie vorbei an unzähligen Ausrüstungsläden mit allem, was man brauchte, um sein Glück in den Flüssen und Bächen zu versuchen.

Im Registrierungsbüro reihten sie sich in eine geduldige Schlange von Goldsuchern ein. «Joe und Mary Davidson, am Fuße des Big Bear Creek», verkündete Joe stolz, als sie an der Reihe waren.

Der Beamte notierte ihre Angaben und warf einen kurzen Blick auf Marys Bauch. Joe hielt Marys Hand fester, ein stilles Zeichen der Verbundenheit.

Als Marys Wehen einsetzten, wussten sie, dass sie einen Ort finden mussten, an dem sie ihr Kind zur Welt bringen konnte. Sie mussten schnell handeln, um einen sicheren Ort für die Geburt zu finden.

In der kleinen Siedlung war es nicht leicht, eine geeignete Unterkunft zu finden. Ziellos irrten sie durch den Ort. Da trafen sie erneut auf Angel, der ihnen eine verlassene Hütte am Rande der Siedlung anbot. «Dort, am Ende des Weges. Sie ist alt, aber sie bietet Schutz und Wärme», sagte er mit einem mitfühlenden Blick auf Mary.

Mit schnellen Schritten erreichte sie die Hütte. Sie war einfach, rustikal und nur mit dem Nötigsten ausgestattet. Joe entfachte schnell ein Feuer im Ofen, während Mary sich auf das wenige Stroh legte, das als Bett diente. In der Ferne hörten sie das Bellen von Schlittenhunden, ein alltägliches Geräusch in dieser Welt aus Eis und Schnee.

Mary lag in der Hütte, von Schmerzen gepeinigt und doch voller Entschlossenheit. Joe war bei ihr, seine Worte waren ein leiser Trost in der eisigen Kälte der Nacht. Dann durchbrach der durchdringende Schrei eines Neugeborenen die Stille. Ein deutliches Zeichen für neues Leben in der Wildnis Alaskas.

Ergriffen blickte Joe auf den kleinen Jungen in Marias Armen. In diesem Augenblick war alles Leid vergessen. Sie waren jetzt eine Familie, gefestigt und widerstandsfähig gegen alles, was die Wildnis ihnen entgegensetzen würde.

Kapitel 4: Lockruf des Goldes

Die Tage und Monate am Big Bear Creek vergingen, aus dem Baby wurde ein Junge, und der Claim, den Mary und Joe abgesteckt hatten, entpuppte sich als reiche Goldader. Doch mit dem Gold kam der Neid und mit dem Neid die Gefahr. Gerüchte, so kalt und durchdringend wie der Nordwind, verbreiteten sich schnell in Dawson, und bald wusste jeder im Saloon von ihrem Glück.

An einem düsteren Nachmittag, als der Himmel dunkel und unheilvoll war, erschien der Saloonbesitzer Samuel «Sam» McCoy auf ihrem Claim. Sein Gesicht war hart, seine Augen gierig. «Ein schönes Stück Land habt ihr hier», sagte er mit rauer Stimme. «Aber in Alaska ist das Glück vergänglich. Ihr solltet verkaufen, solange ihr noch könnt.»

Joe, die Hand fest um den Stiel seiner Axt gekrallt, erwiderte kühl: «Der Claim steht nicht zum Verkauf, Sam.»

McCoys Gesicht verzog sich zu einem kalten Lächeln. «Denkt an euren Jungen und an seine Gesundheit», zischte er, drehte sich um und verschwand wie ein Schatten im aufkommenden Schneesturm.

Mary und Joe wussten, dass sie nicht bleiben konnten, nicht, wenn Harry und seine Leute es auf ihr Land abgesehen hatten und ihr Kind bedrohten.

Nur mit dem Nötigsten ausgerüstet und Jesse fest in Felle gewickelt, machten sie sich schließlich auf den Weg. Der eisige Wind blies unerbittlich, als wollte er sie zurück in die Dunkelheit der Nacht treiben. Doch sie gingen weiter, getrieben von der Hoffnung auf einen Neuanfang. Jeder Schritt ein Kampf gegen die unerbittliche Wildnis.

Inmitten des heftigen Schneesturms bewies Jesse eine bemerkenswerte Fähigkeit. Als sich ein Rudel Wölfe näherte, hob er kurz beschwichtigend die Hand, und die Tiere beruhigten sich auf unerklärliche Weise.

«Joe, unser Kleiner … er ist nicht wie die anderen», sagte Mary, ihre Stimme kaum hörbar im Wind. «Es ist, als hätte ihn der Stern selbst hierhergeführt.»

Joes Augen suchten den Himmel ab, als suchte er Antworten in den wirbelnden Schneeflocken. «Er ist unser Licht in dieser Dunkelheit», sagte er. «Wir werden ihn beschützen, koste es, was es wolle.»

Kapitel 5: Flucht im Schneesturm

Nach einer Nacht, die sich endlos anfühlte und in der sie unermüdlich gegen den tobenden Sturm ankämpften, erreichten Mary, Joe und der kleine Jesse endlich eine verlassene Hütte an einem zugefrorenen See. Erschöpft, aber dankbar für den Schutz, richteten sie ihr Lager ein, während der Sturm um sie herum wütete.

Die Hütte knarrte und ächzte unter der Schneelast. In den seltenen Augenblicken der Stille hallte das Knacken des gefrorenen Sees durch die Stille, ein stetes Mahnmal der wilden Schönheit und Gefahr ihrer Umgebung.

In den darauffolgenden Tagen zeigte Jesse weitere unerklärliche Fähigkeiten. Als Joe eine zugefrorene Quelle entdeckte und sie ihm zeigte, schien Jesse allein durch seine Nähe das Eis zu schmelzen, wodurch frisches Wasser freigesetzt wurde.

«Ja, er hat wahrhaftig etwas Besonderes an sich», sagte Mary leise.

Einmal setzte sich eine hungrige Schneeeule auf das Fensterbrett und blickte Jesse an, als ob sie seine unausgesprochenen Gedanken verstehen könnte.

An einem frostigen Morgen näherte sich ein hungriger Bär ihrer Hütte. Jesse blieb unerschrocken stehen und fixierte das Tier mit seinem Blick. In einem Moment stiller Konfrontation wich der Bär zurück und verschwand im Dickicht des Waldes.

«Es scheint, als ob die Natur selbst auf ihn hört», überlegte Joe, während er Mary und Jesse fest in seinen Armen hielt.

Kapitel 6: Das Wunder vom Klondike

Als der Frühling anbrach und der Schnee zu mächtigen Bächen schmolz, zeigte Jesse großes Interesse an der erwachenden Natur. Mary beobachtete, wie sich ein junger Elch langsam näherte und vorsichtig an Jesses Hand schnupperte. «Schau, Joe», rief sie. «Die Tiere ... sie spüren etwas in ihm.» Joe trat neben sie, sein Blick voller Staunen und Sorge zugleich. «Er ist etwas Besonderes, Mary. Etwas, das diese Welt noch nicht gesehen hat.»

In diesem Moment trat eine vertraute Gestalt aus dem Schatten der Bäume – es war Angel, der erfahrene Trapper, den sie bei ihrer Ankunft in Dawson getroffen hatten. Sein Blick war ernst, als er auf Mary und Joe zuging.

«Ich habe von eurem Jungen gehört», sagte er mit gedämpfter Stimme. «Ihr müsst vorsichtig sein. Einige Leute sind sehr daran interessiert, was Jesse kann.»

Joe und Mary tauschten einen besorgten Blick aus. «Danke für die Warnung», sagte Joe. «Wir werden auf der Hut sein.»

Der Trapper nickte. «Passt auf euch auf. In diesen Zeiten ist nicht nur Gold wertvoll.» Mit diesen Worten verschwand er wieder so leise und unauffällig im Wald, wie er gekommen war.

Diese Begegnung machte Mary und Joe noch wachsamer. Sie wussten, dass sie nicht nur die natürlichen Gefahren der Wildnis fürchten mussten, sondern auch die unbekannten Absichten der Menschen, die hinter Jesses Fähigkeiten her sein könnten.

Die Jahre vergingen, und trotz ihrer Vorsicht verbreitete sich die Nachricht von Jesses wundersamen Fähigkeiten im ganzen Land. Aus allen Himmelsrichtungen kamen Menschen zu ihnen. Sie kamen mit Geschichten von Krankheit und Elend, in der Hoffnung, der mittlerweile zu einem jungen Mann herangereifte Jesse könne sie heilen oder ihre Probleme lösen.

Zu ihrem Erstaunen konnte Jesse tatsächlich helfen. Als einmal ein verzweifelter Goldsucher zu ihnen kam, legte Jesse seine Hände auf die Karte des Mannes und murmelte etwas Unverständliches. Am nächsten Tag fand der Goldsucher genau an der Stelle, die Jesse berührt hatte, eine reiche Goldader.

Eines Nachmittags verdunkelten Wolken den Himmel über Dawson. Ein heftiger Sturm zog heran. Jesse blickte in den Himmel und flüsterte einige leise Worte. Daraufhin lösten sich die Wolken auf, der Wind ließ nach, und die Sonne trat heraus, als ob nichts gewesen wäre.

An einem anderen Tag führte Jesse einen Suchtrupp zu einer verschütteten Goldmine. Durch einfaches Berühren eines Felsbrockens mit der Hand offenbarte er einen verborgenen Zugang, der die Rettung der eingeschlossenen Bergleute ermöglichte.

Die Nachricht von seinen Taten verbreitete sich wie ein Lauffeuer, und Jesse wurde als «Wundermann vom Klondike» bekannt. Seine Gaben zogen Menschen aus allen Teilen Alaskas an, die Zeugen seiner erstaunlichen Fähigkeiten werden wollten.

Auch Angel, der erfahrene Trapper und frühere Helfer, stattete ihnen eines Tages einen Besuch ab, dieses Mal mit einem ernsten Anliegen. «Euer Junge hat eine Gabe», sagte Angel zu Mary und Joe. «Seine Worte und Taten berühren die Menschen. Was haltet ihr davon, wenn wir diese Gabe nutzen?»

Mary und Joe waren zunächst skeptisch, doch Angel hatte einen Plan. Er schlug vor, eine kleine Kapelle zu bauen, in der Jesse als geistlicher Leiter fungieren könnte. «Stellt euch vor, was wir damit erreichen können», sagte er. «Jesse kann den Menschen Hoffnung und Glauben geben, und wir geben ihnen einen Ort, an dem sie sich versammeln können.»

Jesse zögerte zunächst, willigte dann aber ein, mit Angel zusammenzuarbeiten. Jeden Sonntag versammelten sich die Bewohner von Dawson in der neu errichteten Kapelle, um Jesses inspirierenden Worten zu lauschen. Aus der einfachen Hütte wurde ein Zentrum der Gemeinschaft und des Glaubens.

Als Mary und Joe die Kapelle verließen, nickte Angel ihnen zu und sagte: «Manchmal ist das, was die Seele nährt, einträglicher als das, was in den Pfannen der Goldsucher am Klondike glänzt. Und glaubt mir, die Kollekte kann es mit einem guten Tag am Creek aufnehmen.»

❧

Jack London (1876–1916) wurde als John Griffith Chaney in San Francisco geboren und wuchs in ärmlichen Verhältnissen auf. Er führte ein abenteuerliches Leben als Fabrikarbeiter, Goldsucher und Seemann, bevor er mit Romanen wie «Der Seewolf» und «Der Ruf der Wildnis» als Schriftsteller berühmt wurde. In seinen Werken geht es oft um das Überleben in der Wildnis und den Konflikt zwischen Natur und Zivilisation.

Statt eines Nachworts:

Gedichte

Matthias Claudius: Das Sternlied

Ein Stern ist aufgegangen,
Die Hirten steh'n und bangen
Im Felde still und wahr.
Das Dorf im Schlaf versunken
Über all dem Sternenfunken,
Birgt Wunder, unbegreiflich gar.
Die Sterne glänzen weiter,
Die Nacht ist ihr Begleiter.
Als in der dunklen Zeit.
Ein Kind, im Stalle leise,
Bringt Hoffnung auf die Weise,
In stiller Bescheidenheit.
Seht ihr den Stern dort blinken?
Er will uns Weisung winken,
Und leuchtet hell und rein.
So sind wohl manche Zeichen,
Die uns zu Wahrheit neigen,
Wenn wir nur offen dafür sein, äh, sind.

Matthias Claudius (1740–1815) war ein deutscher Dichter der Aufklärungszeit. Seine Texte zeichnen sich durch eine volkstümliche Sprache und eine tiefe Menschlichkeit aus. Sein bekanntestes Werk ist das Gedicht «Der Mond ist aufgegangen», das zu den populärsten Abendliedern der deutschen Literatur zählt. In seinen Werken verband Claudius Elemente der Aufklärung mit Naturfrömmigkeit und Religiosität.

Eugen Roth: Der Stern von Bethlehem

Ein Mensch, der wollte, ganz genau,
Verfolgen jene Sternenschau,
Die einst die Weisen führte hin
Zum Jesuskind, zu tiefem Sinn.
Er kaufte sich ein Fernrohr klar,
Und stellte es am Fenster dar.
Doch sah er keine Sternenpracht
Und saß allein, bei finstrer Nacht.
«Was soll das sein», sprach er entsetzt,
«Ich hab' doch alles gut gesetzt!
Ich hab' gelesen, hab' studiert,
Und trotzdem ist noch nichts passiert!»
Die Frau kam rein, sah ihn da steh'n,
Mit diesem Ding, wie soll das geh'n?
Sie lachte leise, sprach dann frei:
«Du suchst zu weit, komm, sei dabei.»
Sie nahm ihn mit zum Weihnachtsbaum,
Wo Lichter glänzten, wie im Traum.
«Siehst du den Stern dort hoch, ganz oben?
Der kann dir auch die Botschaft loben.»
Der Mensch, er lächelte und fand,
Dass man nicht braucht ein fernes Land,
Noch Teleskop, so scharf und fein,
Um Teil des Weihnachtsglücks zu sein.

Eugen Roth (1895–1976) war ein deutscher Lyriker, der vor allem durch seine humorvollen und dennoch nachdenklichen «Ein Mensch»-Gedichte und Erzählungen bekannt ist. Roth zählt auch heute noch zu den beliebtesten deutschen Dichtern.

Christian Morgenstern: Palmströms weihnachtliche Erleuchtung

Palmström steht vor einem Baum,
nicht im Wald, er steht im Raum.
Lichter blinken, Kugeln strahlen,
Wie könnte man es malen?
«Ah!», denkt Palmström, «jetzt seh' ich klar,
Weihnacht ist nicht, was es war.
Es muss mehr dahinterstecken,
Werd' das Geheimnis jetzt entdecken.»
Mit Lupe, Zollstock und 'nem Plan
macht er sich an die Arbeit ran.
Doch je mehr er misst und schreibt,
die größte Frage offenbleibt.
Denn die Zahlen, klar und rein,
können nicht der Schlüssel sein.
Palmström grübelt, schaut empor,
sieht 'nen Engel vor dem Tor.
Der tritt ein, ganz licht und hehr,
sagt: «Palmström, machst es dir zu schwer.
Weihnachten, das sollst du spüren,
dich nicht in Zahlenform verlieren.»
Palmström nickt und lässt es sein,
öffnet sich für Weihnachts-Schein.
Denn er lernt in dieser Nacht,
dass Weihnacht nur im Herzen lacht.

Christian Morgenstern (1871–1914) war ein deutscher Dichter und Schriftsteller, der für seine vielseitige Lyrik bekannt ist. Besonders bekannt sind seine humorvollen und skurrilen «Galgenlieder», die mit Wortspielen und ungewöhnlichen Gedankenexperimenten spielen. Diese Gedichte zeichnen sich durch ihre Originalität und ihren oft absurden Humor aus.

Walther von der Vogelweide: Der Getrogene

Under der sternenklâr,
In der kâlten naht,
Stuond ich allaine dâ,
Mîn hertz wes sêre beklagt.
Maria, minneclîche,
Mit Josef sie zog,
Sî hât mîch verlassen,
Mîn fröide wes betrogen.
In dem stall sô kleine,
Lag daz kint sô reine,
Fern ich dâ stuond alleine,
Mîn hertz fand kêine fröide, neine.
Engel sungen lieder,
Doch ich sang die klagen,
Mîn liebe war anderwâ,
Sêre slagen mîn hertz gevêlt.
Sie fand einen andern,
Josef, der Holzmann,
Er zieht nun mîn kint auf,
Mîn hertz in sorgenklage.
Ich blieb ûzzen stehn,
Im kalten schnee wehn,
Wârende sie in glückes schein,
Mit dem kint, daz ward geboren.
Oh Maria, mîn hertzenliep,
Wie bitter ist mîn klage,
Du liebst nun den andern,

Bî der krippen lage.
Doch ich will dir sîngen,
Ein lied des begehrens,
In hoffnunge, daz einst,
Mîn hertz du nimmest an.

Walther von der Vogelweide zählt zu den bedeutendsten mittelhochdeutschen Dichtern und Minnesängern des Mittelalters. Er lebte und wirkte im 12. und 13. Jahrhundert und hinterließ ein umfangreiches Werk aus Liebesliedern, politischen Liedern und religiösen Dichtungen. Von der Vogelweide ist vor allem für seine Minnelieder bekannt, in denen er die Höhen und Tiefen der höfischen Liebe besingt.

Friedrich Schiller: Die Weihnachts-Glocke

Hoch im Turme, in eisiger Nacht,
Ihr Menschen, es weihnachtet sehr!
Ruft die Glocke mit mächtiger Pracht,
«Frieden und Freude bring' ich euch her.»
In der Krippe, so zart, im schimmernden Licht,
Hört, ihr Hirten, den Klingelton so klar,
Liegt das Kind, das uns Rettung verspricht,
«Gott ist bei uns, er ist wahrlich da!»
Lasst Weihnachtslieder durch die Lüfte schall'n,
Denn der Ton erklingt, in der stillen Zeit,
Frohlocket, ihr Menschen, in Hütten und Hall'n,
Mit Hoffnung und Liebe wird Weihnacht bereit.
Die Glocke, sie klang durch Jahrhunderte lang,
Ihr Echo erfüllte die weite Welt,
Doch das Telefon, so neu mit eigenem Klang,
Hat die Botschaft in Sekunden gestellt.
Als am Morgen die Dunkelheit endet,
Vom Telefon tönte ein Lied so fein,
«Frohe Weihnacht!», hinausgesendet,
Die Glocke schwieg, das Gerät klang allein.

Friedrich Schiller (1759–1805) war ein deutscher Dichter, Philosoph und Historiker, der als eine der größten literarischen Persönlichkeiten der deutschen Geschichte gilt.

Zusammen mit Johann Wolfgang von Goethe prägte er die Weimarer Klassik, eine der bedeutendsten Epochen der deutschen Literatur.